Der Mensch und seine Wanderungen

RG Latham

Writat

Diese Ausgabe erschien im Jahr 2023

ISBN: 9789359251141

Herausgegeben von
Writat
E-Mail: info@writat.com

Inhalt

VORWORT.

DIE folgenden Seiten stellen einen Kurs mit sechs Vorlesungen dar, die im März dieses Jahres an der Mechanics' Institution in Liverpool gehalten wurden. Die Angelegenheit wird der Öffentlichkeit nun in einer etwas ausführlicheren und systematischeren Form vorgelegt, als es mit der ursprünglichen Übermittlung vereinbar war.

KAPITEL I.

Die natürliche oder physische Geschichte des Menschen – die Zivilgeschichte – ihre Unterschiede – Unterteilungen der natürlichen oder physischen Geschichte – Anthropologie – Ethnologie – wie weit von den Alten verfolgt – Herodot – wie weit von den Modernen verfolgt – Buffon – Linné – Daubenton – Camper – Blumenbach – der Begriff *Kaukasier* – Cuvier – Philologie als Instrument ethnologischer Forschung – Pigafetta – Hervas – Leibnitz – Reland – Adelung – Klaproth – die Vereinigung von Philologie und Anatomie – Prichard – ihr paläontologischer Charakter – Einfluss von Lyells Geologie – von Whewells Geschichte der die induktiven Wissenschaften.

WIR die *Zivilgeschichte* mit der *Naturgeschichte* des Menschen.

Der Einfluss einzelner Helden, die Wirkung materieller Ereignisse, die Wirkungsweise von Ideen, die Aktion und Reaktion der verschiedenen Elemente der Gesellschaft aufeinander fallen in den Bereich der ersteren. Ein Reich wird gefestigt, ein Wettbewerb beendet, ein Grundsatz geltend gemacht, und der Zivilhistoriker zeichnet sie auf. Er macht mehr. Wenn er seiner Berufung treu bleibt, erforscht er die Handlungsfedern einzelner Akteure, misst das Ausmaß ihrer moralischen und intellektuellen Kraft und fällt ein Lob- oder Tadelurteil über die Motive, die ihre Manifestation bestimmen. Dies macht ihn zu einem großartigen Morallehrer und verleiht seinem Wissensbereich einen Wert, der ihn auf ein hohes und besonderes Niveau bringt.

Er befasst sich mit Handlungen und Motiven, wobei er sich fast ausschließlich mit denen von Individuen beschäftigt; So sehr, dass er selbst dort, wo er die Bewegungen mächtiger Menschenmassen aufzeichnet, im Allgemeinen feststellt, dass es einen herrschenden Willen gibt, der sie reguliert und leitet; und selbst wenn dies nicht der Fall ist, wenn die Bewegung vereinter Massen spontan ist, ist die Quelle des Handelns im Allgemeinen moralischer Natur – ein Dogma, wenn es religiös ist, eine Theorie, wenn es politisch ist.

Eine solche Geschichte konnte nicht über die rohen Tiere geschrieben werden, noch konnte sie *für* sie geschrieben werden. Kein Tier außer dem Menschen liefert entweder seine Elemente oder seine Objekte; noch nicht die Aufzeichnung, die die Erinnerung an vergangene Taten vermittelt, selbst wenn diese von äußerst materieller Art sind. Der Zivilhistoriker unserer Spezies oder, um es mit einer Prägnanz zu sagen, die der allgemeine Sprachgebrauch zulässt, der *Historiker*, der in der besonderen Atmosphäre der Menschheit lebt und atmet und den Menschen im weiten Kreis moralischer und intellektueller Handlungen darstellt, – a Kreis, in dem sich niemand außer ihm bewegt, beginnt sein Studium dort, wo das der niederen Tiere endet. Was ihnen und dem Menschen gemeinsam ist, gehört dem Naturforscher. Jeder soll seine Sicht auf den Araber oder den Juden haben. Der eine untersucht den Einfluss der Bibel und des Korans; während der andere vielleicht fragt, inwieweit sich das maurische Blut mit dem des Spaniers vermischt hat, oder die Beständigkeit der israelitischen Merkmale in so unterschiedlichen Klimazonen wie Polen, Marokko oder Indien bemerkt . Der eine wird an Instinkte denken, der andere an Ideen.

In welchem Teil der Welt ist das entstanden? Wie verbreitete es sich über die Erdoberfläche? Zu welchem Zeitpunkt der Weltgeschichte entstand es? Wo gedeiht es am besten? Wo hört es überhaupt auf zu gedeihen? Welche Formen nimmt es an, wenn es degeneriert ? Welche Boden- oder Klimabedingungen bestimmen solche Degenerationen? Was begünstigt seine Verbesserung? Kann es in Nova Zembla existieren ? In Afrika? In einer der beiden Regionen oder in beiden? Verblassen die langen Nächte des Pols, vertieft der helle Glanz des Äquators seine Farbe ? &C. Anstatt Fragen dieser Art zu vervielfachen, werde ich fragen, worauf sie sich beziehen. Sie gelten für jedes Wesen, das seine Art auf der Erde vermehrt; zu jedem Tier des Landes oder Meeres; auch zu jedem Gemüse; für jedes organisierte Wesen. Sie gelten für den Affen, das Pferd, den Hund, das Geflügel, den Fisch, das Insekt, die Frucht, die Blume. Sie gelten für diese – und sie gelten auch für den Menschen. Sie – und ihresgleichen – Legion mit Namen –, die sowohl den Herren als auch den niederen Ständen der Schöpfung gemeinsam sind, bilden die *Naturgeschichte* der Gattung *Homo* ; und ich verwende die Sprache des Zoologen, um den wahrhaft zoologischen Charakter dieses Wissenschaftsbereichs deutlich und greifbar darzustellen. *Der Mensch als Tier* ist hier die Devise; während *der Mensch als moralisches Wesen* das Motto des Historikers ist.

Es ist nicht sehr wichtig, ob wir dies *Naturgeschichte* oder *physikalische* Geschichte nennen. Auf beiden Seiten gibt es gute Autoritäten. Es ist nur wichtig zu sehen, wie es sich von der *Geschichte des Historikers unterscheidet* .

Die Zivilgeschichte der Menschheit hat ihre Spaltungen. Auch in der Naturgeschichte des Menschen gibt es sie.

Die erste davon hat ihren Namen von den griechischen Wörtern für *Mensch* (*anthrôpos*) und *Lehre* (*logos*) und ist als *Anthropologie bekannt* .

Als das erste Menschenpaar allein auf der Erde stand, gab es die Materialien für die Anthropologie; und so wäre es auch, wenn unsere Spezies auf den letzten Menschen reduziert würde. Es gäbe eine Anthropologie, wenn die Welt keine Einwohner außer Engländern oder nur Chinesen hätte; niemand außer den roten Männern Amerikas oder niemand außer den

Schwarzen Afrikas. Wäre die Einheitlichkeit der Merkmale, die Identität der Farbe , die Gleichheit der Statur, die Rivalität der geistigen Fähigkeiten noch so groß, gäbe es immer noch eine Anthropologie. Dies liegt daran, dass sich die Anthropologie *mit dem Menschen im Vergleich zu den niederen Tieren befasst* .

Wir betrachten die Struktur der menschlichen Extremitäten und gehen auf die Flachheit des Fußes und die Flexibilität der Hand ein. Der eine ist der aufrechten Haltung unterworfen, der andere den unzähligen Manipulationen, die der menschliche Fleiß erfordert. Wir vergleichen sie mit den Flossen von Fischen, den Flügeln von Vögeln; Dabei nutzen wir die extremsten Kontraste, die wir finden können. Wir können aber auch nähere Annäherungen annehmen, *z. B.* die Hände der höheren Affen. Hier finden wir sowohl Ähnlichkeit als auch Unterschied; Unterschied sowie Ähnlichkeit. Wir untersuchen beides; und notieren Sie das Ergebnis entweder im Detail oder durch einen allgemeinen Ausdruck. Vielleicht sagen wir, dass die eine Seite die Bedingungen eines Baumlebens vorgibt, die andere die eines sozialen Staates; der Affe ist der Bewohner der Wälder, der Mensch der Städte; der eine ein Kletterer, der andere ein Wanderer.

Oder wir vergleichen den Schädel des Menschen und des Schimpansen; Dabei bemerkt er, dass die Grate und Vorsprünge der Außenfläche, die auf der ersteren nur rudimentär sind, auf der letzteren zu stark ausgeprägten Kämmen werden. Wir erinnern uns dann daran, dass das eine das Gerüst für die Gesichtsmuskeln ist; das andere gilt für das Gehirn.

Alles, was auf diese Weise getan wird, ist Anthropologie.

Jede Klasse organisierter Wesen hat *mutatis mutandis* ihren anthropologischen Aspekt; so dass der Hund in Bezug auf den Fuchs betrachtet werden kann, der ihm ebenbürtig ist, der Affe, der ihn übertrifft, oder das Känguru, das in seiner Annäherung an einen bestimmten Organisationsstandard hinter ihm zurückbleibt; Mit anderen Worten: Da *Arten* und *Gattungen* ihre jeweiligen relativen Plätze auf der Schöpfungsleiter haben, ist die Untersuchung solcher Beziehungen parallel zur Existenz der Klassen und Gruppen, auf denen sie beruht.

Die Anthropologie beschäftigt sich zu sehr mit solchen Themen, um populär zu sein. Sofern das Thema nicht mit übermäßiger Zartheit behandelt wird, hat die kühle Betrachtung der *Differenzen* des Zoologen für anspruchsvolle Geister etwas Abstoßendes

„Der einen Newton so zeigt, wie er einen Affen zeigt."

Doch solange es keine krankhafte Schadenfreude über die unehrenhafteren Gemeinsamkeiten gibt und keine lustvolle Erregung aus der herabwürdigenden Sicht auf unsere Natur entsteht, ist das Studium *nicht* unwürdig. Auf jeden Fall ist es Teil des menschlichen Wissens und ein Schritt in Richtung Selbsterkenntnis.

Darüber hinaus handelt es sich lediglich um eine graduelle Beziehung. Wir sind vielleicht weder unangemessen noch unangenehm wie der Orang-Utan oder der Schimpanse. Möglicherweise sind wir sogar angelomorph . Dennoch ähneln wir mehr Orang-Utans und Schimpansen als irgendetwas anderem auf der Erde.

Der andere Zweig der Naturgeschichte des Menschen heißt Ethnologie – abgeleitet vom griechischen Wort für *Nation* (*ethnos*).

Daraus folgt keineswegs, dass es, weil es eine *Anthropologie gibt* , auch eine *Ethnologie* gibt . Es gibt keine Ethnologie, in der es nur ein einziges Paar einer Art gibt. Es gäbe keine Ethnologie, wenn die ganze Welt Neger wäre; keine, wenn jeder Mann ein Chinese wäre; keine, wenn es nur Engländer gäbe. Die absolute Katholizität einer Religion ohne Sekten, die zentralisierte Einheitlichkeit eines universalen Reiches sind Vorbilder und Parallelen zu einer Anthropologie ohne Ethnologie. Dies liegt daran, dass sich die Ethnologie mit *dem Menschen in Bezug auf seine Spielarten befasst* .

Es gäbe eine Anthropologie, wenn es nur eine einzige Art der Menschheit gäbe.

Aber wenn es nur eine Art Menschheit gäbe – und nicht mehr –, gäbe es keine Ethnologie. Es wäre eine ebenso unmögliche Wissenschaft wie ein Gemeinwesen auf Robinson Crusoes Insel .

Aber es soll nur ein einziges Beispiel unterschiedlicher, wenn auch ähnlicher Körperkonformation geben. Es soll sowohl einen Weißen als auch einen Schwarzen geben, oder einen Schwarzen und einen Weißen. Dann beginnt die Ethnologie; sogar als auf Crusoes Insel ein Gemeinwesen entstand, als sein Diener Friday dessen Bewohner wurde.

Die anderen Klassen organisierter Wesen können, obwohl sie *mutatis mutandis* notwendigerweise ihr Äquivalent zu einer Anthropologie haben, möglicherweise eine Ethnologie haben oder auch nicht. Der Hund hat einen; der Schimpanse hat entweder keines oder ein unbedeutendes; Unterschiede, die denen entsprechen, die den Hund vom Windhund oder den Schäferhund vom Vorstehhund trennen, fehlen. Auch hier wäre eine Abhandlung, die zeigte, wie sich der Schimpanse einerseits vom Orang-Utan und andererseits vom Menschen unterschied, länger als eine Dissertation darüber, inwieweit sich Schimpansen voneinander unterschieden; Dennoch wäre eine Dissertation über die *Hunderassen umfangreicher als eine über ihre Beziehungen zum Fuchs*. Dies zeigt, wie die Anteile der beiden Studien je nach betrachteter Art variieren können. In der *Naturgeschichte des Menschen* ist der ethnologische Aspekt am vielfältigsten. Es ist auch diejenige, die am meisten untersucht wurde. Beim Pferd oder beim Schaf, bei vielen Hausgeflügel und bei den weiter verbreiteten Pflanzen überwiegt das Studium der *Varietät* vor dem der *Art* . Beim Hund geschieht dies in einem beispiellosen Ausmaß. Aber was wäre, wenn der Hundestamm die Möglichkeit hätte, Sprache zu gebrauchen? Was wäre, wenn die Sprache bei jeder Sorte unterschiedlich wäre? In einem solchen Fall wäre das Studium der Hundeethnologie doppelt und dreifach komplex, obwohl gleichzeitig die *Daten* für die Durchführung sowohl erweitert als auch verbessert würden. Es gibt einen entfernten – einen *sehr* distanzierten – Ansatz dazu. Der wilde Hund *heult* ; Der Gefährte des Menschen allein *bellt* . Das ist im Grunde genommen ein sprachlicher Unterschied. Dies soll einen Vorgeschmack auf die Bedeutung des Studiums der Sprache als Instrument ethnologischer Forschung geben.

Nochmals: Was wäre, wenn der Hundestamm über die Ausübung bestimmter menschlicher Künste verfügte und diese je nach Vielfalt unterschiedlich wären? Wenn sie ihre Toten begraben würden? und ihre Gräber variierten je nach Vielfalt? ob die einer Generation Jahre, Jahrzehnte oder Jahrhunderte überdauerten? Die Komplexität der Ethnologie würde erneut zunehmen und die *Datenmenge* würde erneut zunehmen. Die Gräber einer früheren Generation dienten als ungeschriebene Aufzeichnungen über die Bestattungsgewohnheiten einer früheren Generation. Dies soll die Bedeutung des Studiums der Altertümer als Instrument derselben Art wie die Philologie verdeutlichen.

Bei Hunden gibt es Unmöglichkeiten. WAHR; aber sie dienen der Veranschaulichung. Beim Menschen sind sie Realitäten – Realitäten, die Philologie und Archäologie zu wichtigen Ergänzungen seiner Naturgeschichte machen .

Wir haben nun den Charakter der betreffenden Studie festgestellt; und gesehen, wie weit es von der eigentlichen *Geschichte abweicht – zumindest haben wir dies für den Zweck der Definition ausreichend getan.* Eine kleine Überlegung wird seine Beziehungen zu bestimmten Zweigen der Wissenschaft zeigen, *z.* B. zur Physiologie und zur Geisteswissenschaft – eine Beziehung, auf die wir nicht näher eingehen können. Es reicht aus, die Existenz eines solchen separaten substanziellen Wissens- und Forschungszweigs zu verstehen.

Wie groß ist dieses Wissen? Dies steht in einem angemessenen Verhältnis zu dem der Untersuchung. Was war das? Weniger, als wir erwarten würden.

„Das eigentliche Studium der Menschheit ist der Mensch.“

Dies ist ein Börsenkurs zu diesem Thema.

„Homo summe; humani nihil a me alienum puto.“

Das ist etwas anderes. Wie viele Apophthegmen dieser Art haben sie mehr Aktualität als Einfluss und sind bekannter als umgesetzt. Wir kennen die Zoologie von neun von zehn Arten der niederen Tiere besser als die unserer eigenen Gattung. Die Bedeutung und die Untersuchung eines wirklich interessanten Themas waren so wenig angemessen.

Es handelt sich um eine *neue* Wissenschaft – so neu, dass sie kaum die Pubertät erreicht hat. Fragen wir uns, was die Alten daran interessierten.

Wir suchen nicht nach systematischer Wissenschaft in der Heiligen Schrift; und die Ethnologie, die wir daraus ableiten, besteht ausschließlich aus zufälligen Notizen. Diese sind zwar zahlreich, aber kurz. Sie gelten auch nur für einen kleinen Teil der Erdoberfläche. Das ist jedoch von größtem Interesse – die Wiege der Zivilisation und der Punkt, an dem die asiatischen, afrikanischen und europäischen Familien in Kontakt kommen.

Griechenland hilft uns mehr: Griechenland jedoch nur wenig. Das Genie des Thukydides gab der Geschichte einen so bestimmten Charakter, brachte sie so ausschließlich in Kontakt mit moralischen und politischen, im Gegensatz zu physischen Phänomenen , und machte sie so gründlich zum Studium des Staatsmannes und nicht des Zoologen, dass was auch immer sein mag Das sogenannte *naturalistische* Element, das heute ausgeschlossen ist, wurde vor mehr als 2000 Jahren ausgeschlossen. Wie sehr unterscheidet sich dies von der etwas früheren herodotischen Aufzeichnung, deren Form und Geist mit dem großen Vater der historischen Erzählung lebte und starb! Die Geschichte des Peloponnesischen Krieges hat diese Art des Schreibens für immer außer Kraft gesetzt, und der Verlust dessen, wozu der frühere Prototyp hätte entwickelt werden können, ist ein großer Teil des Preises, den die Nachwelt für das κτ ῆ μ α ε ἰ ς zahlen muss ἀ ε ἰ des Atheners. So aber stellen die neun Bücher des Herodot das ethnologischeste Werk dar, das nicht von einem bekennenden und bewussten Ethnologen geschrieben wurde. Herodot war ein unbewusster und instinktiver Mensch; und seine Ethnologie war von ausreichend umfassendem Charakter. Manieren, das er bemerkte, und die äußere Erscheinung, die er bemerkte, und die Sprache, die er bemerkte; seine skythischen, medianen, ägyptischen und anderen Glossen haben in den Augen des geheimen Philologen des gegenwärtigen Jahrhunderts denselben Wert wie die selteneren Fossilien einer alten Formation für den Geologen oder ehrwürdige Münzen für den numismatischen Archäologen . Sein Name soll immer mit Ehrfurcht erwähnt werden; denn die respektlose Art und Weise, in der seine Aussage von einigen neueren Autoren behandelt wurde, stellt nichts anderes als die Gelehrsamkeit der Kaviller in Frage .

Ich sage nicht, dass es bei den späteren griechischen Schriftstellern keine ethnologischen Fakten gibt – es kann sein, dass wir gelegentlich ethnologische Theorien finden; Ich betone nur, dass sie keineswegs den Erwartungen entsprechen, die durch die Namen der Autoren geweckt werden, und den Möglichkeiten, die sich aus der Natur ihrer Themen ergeben. Etwas findet sich bei Hippokrates in der Art der Theorie über die Wirkung äußerer Umstände, etwas bei Aristoteles, etwas bei Platon – jedoch nichts, womit wir das Studium des Menschen als Tier als einen separaten inhaltlichen Zweig des Studiums anerkennen könnten. Darüber hinaus finden wir in Werken, in denen die Beschreibung neuer Populationen besonders gefordert wurde und in denen die Beweise des Autors von der einwandfreiesten Art gewesen wären, unendlich weniger, als es sein sollte. Wie wenig erfahren wir über Persien aus den Cyropædia oder über Armenien aus der Anabasis – und doch wie leicht hätte uns Xenophon viel erzählen können!

des Aristoteles **finden wir** niemanden , der eine Abhandlung schreibt : der eine führte den Kaufmann bis zum äußersten Tanais , der andere füllte Athen mit Thrakern und Kleinasien mit Afrikanern. Die Vorteile, die die Griechen im Zeitalter des Perikles vernachlässigten, sind die Vorteile, die die brasilianischen Portugiesen heute vernachlässigen, und die bis vor Kurzem auch sowohl die Engländer als auch die Staatsmänner Amerikas vernachlässigten. Und der Verlust war groß. Wie Zeit und Gezeiten wartet auch die Ethnologie auf niemanden; und ebenso wie die Indianer Amerikas vor den Europäern verschwanden, so verschwanden auch bestimmte Bevölkerungsgruppen der Antike. Der Prozess des Aussterbens und der Verschmelzung ist so alt wie die Geschichte; und ganze Familien haben seit Beginn der historischen Periode ihren Charakter wesentlich verändert. Die gegenwärtige Bevölkerung Bulgariens, der Walachei und Moldawiens ist neueren Datums. Was war das Alte? „Thraker und Getæ " ist die Antwort. Aber was waren sie? „Deutsche", sagt ein Schriftsteller; „Slawonier", ein anderer; „eine ausgestorbene Rasse", ein anderer. Damit es Zweifel und Meinungsverschiedenheiten gibt. Dennoch wissen wir in anderer Hinsicht wenig über sie. Wir kennen ihre politischen Beziehungen; ein wenig von ihrem Glauben und ihren Manieren; die Namen einiger ihrer Stämme. Wir kennen ihren Platz in der Klassifikation der Varietäten unserer Art *nicht* ; und das liegt daran, dass die Griechen, obwohl sie die *Zivilgeschichte schrieben, die physische* Geschichte des Menschen vernachlässigten .

Thrakien, Kleinasien und der Kaukasus – das sind die Gebiete, für die die Alten leicht Beschreibungen hinterlassen hätten, für die sie es jedoch versäumt haben, dies zu tun; die Unterlassung sei irreparabel.

Die Möglichkeiten des Römers waren größer als die des Griechen; und sie wurden besser genutzt. Dissertationen, die sich dem Charakter der physischen Geschichte entfernt nähern, finden sich selbst bei den rein historischen Schriftstellern Griechenlands. Ich beziehe mich insbesondere auf die Skizze der Sitten und Wanderungen der alten Griechen im ersten und auf die Geschichte der griechischen Kolonisierung Siziliens im Jahr das sechste Buch des Thukydides. Parallelen dazu tauchen bei den römischen Schriftstellern wieder auf; und in einigen Fällen ist ihr Verhältnis zum Rest der Arbeit beträchtlich. Sallusts Skizze Nordafrikas und Tacitus' jüdischer Geschichte sind von dieser Art – und Cäsars Bericht über Gallien und Britannien ist beiden weit überlegen.

Die *Germania* [1] des Tacitus ist der nächste Ansatz zur eigentlichen Ethnologie, den die Antike geliefert hat. Es ist jedoch weit davon entfernt, uns die Fakten zu liefern, die von größter Bedeutung sind, oder die Untersuchungsmethode aufzuzeigen, *mit* der die Ethnologie im besonderen Maße der Geschichte gegenübergestellt wird.

Aber der wahre Maßstab für die Nachlässigkeit der Römer in diesen Punkten lässt sich anhand der gleichen Regel ermitteln, die auch für die Griechen galt; *ich . e.* der Kontrast zwischen ihren Möglichkeiten und ihrer Untersuchung. Norditalien, Tirol, Dalmatien und Pannonien blieben hinsichtlich der antiken Bevölkerung unbeschrieben; Dennoch befanden sie sich alle in einer günstigen Position für die Beschreibung.

Wenn die jüdischen, griechischen und römischen Autoren nur wenig geben, geben die von ihnen abgeleiteten Literaturen weniger; Allerdings gibt es natürlich eine große Auswahl wichtiger Passagen von Autoren des Mittelalters sowie von byzantinischen Historikern. Darüber hinaus gibt es den zusätzlichen Vorteil, dass Griechenland und Rom nicht mehr die einzigen Länder sind, über die es wert ist, geschrieben zu werden. Eine gotische, eine slawische, eine maurische Geschichte tauchen nun auf. Dennoch handelt es sich nur um *Zivil-* und nicht um *Naturgeschichten* . Allerdings erweitert sich unser Beobachtungsbereich, die Zahl der Mitglieder der Menschheitsfamilie nimmt zu und unsere Aufzeichnungen nehmen zu. Dennoch ereignen sich die Fakten für den *Naturforscher* nur nebenbei.

Von der orientalischen Literatur kann ich nur meinen *Eindruck schildern* ; und soweit das geht, spricht es dafür , dass die chinesischen Aussagen den größten und die indischen den geringsten ethnologischen Wert haben; Tatsächlich scheint die ehemalige Nation die Bekanntmachung der Besatzungsbevölkerung mit der Bekanntmachung des besetzten Gebiets in lobenswerter und hinreichender Weise verknüpft zu haben. Ich glaube auch, dass einige sprachliche Unterschiede sorgfältig beachtet werden. Dennoch handelt es sich bei der hier dargelegten Ethnologie um ein Edukt aus den betreffenden Werken und nicht um deren Gegenstand.

Wir kommen jetzt zu Zeiten, die unserer eigenen näher sind. Für eine Skizze wie die vorliegende beginnt die *Wissenschaft mit dem ersten Versuch, die menschlichen Varietäten zu klassifizieren* . In der Zwischenzeit müssen wir uns daran erinnern, dass Amerika entdeckt wurde und dass sich unsere Möglichkeiten jetzt nicht nur im Grad, sondern auch in der Art von denen der Antike unterscheiden. Das Feld wurde unendlich erweitert; und die Welt ist sowohl in ihren Enden als auch in ihren mittleren Teilen bekannt geworden. Die menschlichen Naturforscher vor Buffon und Linné ähneln den großen Männern vor Agamemnon. Eine sorgfältige Literaturgeschichte würde zweifellos einige Namen für diese Zeit hervorbringen; Tatsächlich gibt es für einige Abteilungen des Studiums einige großartige. Dennoch beginnt es mit den Zeiten von Linné und Buffon – Buffon war der erste in Sachen Verdienst. Dieser Autor vertrat die Auffassung, dass eine *Allgemeine Geschichte des Menschen* sowie *eine Theorie der Erde* ein notwendiger Teil seines großen Werks seien; und was das erste Thema betrifft, dachte er richtig. Auch das ist ihm am besten gelungen. Er war sich seiner Bedeutung voll und ganz bewusst und erkannte deutlich seine Spaltungen; und nach acht Kapiteln über das Wachstum des Menschen, seinen Verfall und seine Sinne widmet er ein neuntes, so lang wie die anderen zusammen, der Betrachtung der Vielfalt der *menschlichen Spezies* . „ Alles ", schreibt er jetzt, „was wir bisher vorgebracht haben, bezieht sich auf den Menschen als Individuum." Die Geschichte der Art bedarf einer gesonderten Einzelheit, deren wesentliche Fakten nur aus den Varietäten abgeleitet werden können, die bei den Bewohnern verschiedener Regionen vorkommen. Von diesen Sorten ist die erste und bemerkenswerteste die Farbe , die zweite die Form und Größe und die dritte die Disposition. In seiner Gesamtheit betrachtet könnte jedes dieser Objekte Material für einen Band liefern [2] ." Niemand muss eine klarere Grenze zwischen Anthropologie und Ethnologie ziehen als diese. Von der systematischen Klassifizierung, die die Philologie so besonders gefördert hat, finden sich in seiner Abhandlung keine Anzeichen; Andererseits ist seine Wertschätzung der Auswirkungen unterschiedlicher körperlicher Verfassungen inhaltlich fundiert und eindeutig zum Ausdruck gebracht. Darauf führt er den Gegensatz zwischen dem Neger, dem Amerikaner und dem Afrikaner zurück und bekennt sich als natürliche Folge eindeutig zur Lehre von der Einheit der Art.

Linné achtete weniger auf die Art, zu der er gehörte; Der Hinweis in der ersten Ausgabe des *Systema Naturæ* lautet wie folgt:

VIERBEINER .

Corpus hirsutum , Pedes quatuor , Feminæ viviparæ , lactiferæ .

ANTHROPOMORPHA.

Dentes Primoren iv. utrinque vel nulli.

HOMO	Nosce te ipsum		H.	Europaus albescens . Americanus rubescens . Asiaticus fuscus . Africanus niger .
	Ante riores .	Poste - riores .		
SIMIA	*Ziffer* 5.		*Ziffer* 5.	Simia, cauda carens . Papio . Satyrus .
	Posterioren anterioribus - Gleichnisse.			Cercopithecus. Cynocephalus.
BRADYPUS	*Digiti* 3.	Vel 2.	*Digiti* 3.	Ai – *ignavus* . Tardigradus .

beschränken sowohl Buffon als auch Linné ihre Betrachtung der Körperstruktur des Menschen auf die Phänomene Farbe , Haut und Haar; also zu den sogenannten *Weichteilen* .

Aus dem griechischen Wort *osteon* = *Knochen* leitet sich der anatomische Begriff *Osteologie* = *Lehre vom Knochenskelett ab* .

Dies beginnt mit den Forschungen des Zeitgenossen und Helfers von Buffon. Daubenton lenkte seine Aufmerksamkeit zunächst auf die *Schädelbasis* und unter deren Teilen besonders auf das *Foramen ovale* . Durch das *Foramen ovale wird* das Rückenmark ins Gehirn fortgeführt, oder – anders ausgedrückt – das Gehirn verlängert sich ins Rückenmark ; während der Schädel durch seine Befestigungen mit der Wirbelsäule verbunden ist. Je mehr dieser Verbindungspunkt – der Drehpunkt, um den sich der Kopf dreht – in der *Mitte* der Schädelbasis liegt, desto mehr sind die Bedingungen der aufrechten Haltung des Menschen erfüllt; das Gegenteil ist der Fall, wenn die *Foramen* nach hinten liegen, wie es beim Affen im Vergleich zum Neger und in einigen Fällen beim Neger im Vergleich zum Europäer der Fall ist. Ich sage *in manchen Fällen* , weil die rückwärtige Position des *Foramen ovale* beim Neger keineswegs eindeutig oder konstant ist. Nun ist die Kenntnis der Variationen in der Position des *Foramen ovale* – eines der ersten Beispiele ethnologischer Kritik an den *harten Teilen* des menschlichen Körpers – mit dem Namen Daubenton verbunden .

Skelett teilt nun die Aufmerksamkeit der Forscher mit der Haut und den Haaren – ist mit der von Camper verbunden. Dies bringt uns zu seinem bekannten *Gesichtswinkel* . Es bedeutet das Ausmaß, in dem sich die Stirn *zurückgezogen hat* ; In einigen Fällen fällt es von der Nasenwurzel nach hinten ab, in anderen Fällen erhebt es sich senkrecht über das Gesicht.

Nun war die Osteologie von Daubenton und Camper die Osteologie, die Blumenbach fand, als *er* sich mit dem Thema befasste. Es war etwas; aber nicht viel.

Im Jahr 1790 veröffentlichte Blumenbach seine anatomische Beschreibung von zehn Schädeln – seinem ersten Jahrzehnt – mit dem besonderen Ziel zu zeigen, wie sich bestimmte Arten der Menschheit in der Konformation eines so wichtigen Organs wie dem Schädel eines vernünftigen Wesens – a – unterschieden dadurch unterschieden und charakterisiert werden.

Er setzte seine Forschungen fort; Veröffentlichung in Abständen von etwa sechs Jahrzehnten. Im Jahr 1820 fügte er der letzten eine Pentade hinzu, so dass sich die Gesamtliste auf fünfundsechzig belief.

Im dritten Jahrzehnt, veröffentlicht im Jahr 1795 n. Chr., tauchte der unglückliche Schädel einer georgischen Frau auf. Die Geschichte dazu sollte angegeben werden. Sein Besitzer wurde von den Russen gefangen genommen und starb plötzlich, nachdem er nach Moskau gebracht worden war. Der Körper wurde von Professor Hiltenbrandt untersucht und der Schädel De Asch aus St. Petersburg übergeben. Von dort gelangte es in die Sammlung von Blumenbach, deren Juwel es offenbar war – „ *universus hujus cranii habitus tam elegans et venustus, ut et tantum non semper vel indoctorum, si qui collectionem meam contemplentur, oculos eximia sua proportionis formositate feriat* “. Auf dieses Lob folgt die Beschreibung. Das ist noch nicht alles. Der Anatom besaß einen Gipsabdruck einer der schönsten Büsten des Townley Museums. Er verglich die beiden; „Und sie waren sich so sehr einig, dass ihr euren Eid ablegen könnt, dass einer dem anderen gehört hat“ – „ *adeo istud huic Respondere vides, ut illud hujus prototypo quondam inhæsisse pejerares* .“ Abschließend schließt er mit einem Auszug aus Chardin, in dem er begeistert die Schönheit der Frauen Georgiens lobt, und fügt hinzu, dass sein Schädel die Lobrede bestätigt: „Respondet ceteroquin *formosum istud cranium, quod sane pro canone ideali habere licet, iis quæ de summa Georgianæ.* “*gentis pulcritudine vel in vulgus nota sunt.* ”

Am Ende des betreffenden Jahrzehnts verwendete er die Beinamen mongolisch, äthiopisch und kaukasisch (*Caucasia varietas*).

Im nächsten (1808 n. Chr.) spricht er von der übermäßigen Schönheit – dem Ideal – dem normalen Charakter seines georgianischen Schädels; und spricht davon, dass seine osteologischen Forschungen eine quinäre Unterteilung der menschlichen Spezies begründet hätten; sie benennen – 1. Der *Kaukasier*; 2. Der Mongole; 3. Das Äthiopische ; 4. Der Amerikaner; und 5. Der Malay.

Dies ist der Ursprung des Begriffs „*Kaukasier*" ; ein Begriff, der in der Ethnologie viel Schaden angerichtet hat; ein Begriff, dem Blumenbach selbst einen unangemessenen Wert und seine Anhänger eine völlig falsche Bedeutung beimaßen. Dies wird innerhalb weniger Seiten sichtbar sein. Blumenbachs kaukasische Klasse umfasste:

- 1. Die meisten Europäer.

- 2. Die Georgier, Tscherkessen und andere Familien des Kaukasus.

- 3. Die Juden, Araber und Syrer.

Akenside auf der Titelseite Zeugnis vom Wert des Studiums von Man to Man ab:

„ ——————— der weite Westen und alle wimmelnden Regionen des Südens halten keinen Steinbruch für den seltsamen Flug des Wissens, das halb so verlockend oder so schön ist, wie von Mensch zu Mensch."

Sein Traktat war eine Eröffnungsdissertation, und ich erwähne sie nur, weil sie von Hunter geschrieben und Robertson gewidmet wurde.

Cuvier beschreibt in seinem *Buch „Règne Animal"* ausführlich die anthropologischen Merkmale des Menschen und stellt ihn als einzige Art der Gattung *Homo dar*, der einzigen Gattung der Ordnung *Bimana = Zweihänder* ; Die Affen sind *Quadrumana = vierhändig* . Dies war die große praktische Anerkennung des Menschen in seinen zoologischen Beziehungen.

Im Hinblick auf die Ethnologie wurde die Klassifikation Blumenbachs modifiziert – und zwar durch Erhöhung ihrer Allgemeingültigkeit. Die absoluten Hauptdivisionen wurden auf drei reduziert – die malaiische und die amerikanische, die – nicht ohne Zögern – der mongolischen untergeordnet wurden. In der Zwischenzeit wurde der Gruppe, zu der die Australier Australiens und die Papua Neuguineas gehörten, eine zusätzliche Bedeutung beigemessen. Anstatt jedoch definitiv platziert zu werden, wurde es der weiteren Untersuchung überlassen.

Der Missbrauch des Begriffs „Kaukasier" wurde gefördert. Blumenbach hatte lediglich gemeint, dass sein Lieblingsexemplar die besten Punkte in höchstem Maße aufwies. Cuvier spricht von Traditionen, die den Ursprung der Menschheit dem sogenannten Gebirge zuschreiben – Traditionen ohne allgemeine Verbreitung und von geringerem ethnologischen Wert.

Jetzt ist es an der Zeit, einen Rückblick auf das Thema und einige seiner anderen Zweige zu werfen. Farbe , Haare, Haut, Knochen, Statur – all dies sind Punkte der *physischen* Konformation oder Struktur; materiell und anatomisch; Punkte, die der Messschieber oder das Skalpell untersucht. Aber Farbe , Haare, Haut, Knochen und Statur sind nicht die einzigen Merkmale des Menschen; noch nicht die einzigen Punkte, in denen sich die Mitglieder seiner Art voneinander unterscheiden. Es gibt sowohl die *Funktion* als auch das Organ; und die Teile unseres Körpers müssen im Hinblick darauf betrachtet werden, was sie *tun* , und auch im Hinblick darauf, was sie *sind* . Dies wirft Fragen nach den Phänomenen von Wachstum und Verfall, der durchschnittlichen Lebensdauer, der Fortpflanzung und anderen damit verbundenen Funktionen auf. Dies ist eher der physiologische als der rein anatomische Teil des Themas und erfordert eine eigene kurze Ankündigung. *A priori* neigen wir dazu zu sagen, dass sie in der Praxis der Forschung eng mit dem verbunden wäre, mit dem sie als Zweig der Wissenschaft so eng verbunden ist. Dies ist jedoch nicht genau der Fall. Die Anatomen waren auch Physiologen; und als Blumenbach einen Schädel beschrieb, dachte er sicherlich an die Kraft oder den Mangel an Kraft des Gehirns, das er enthielt. Aber die Spekulanten der Physiologie waren nicht gleichzeitig Anatomen. Solche Spekulanten gab es jedoch. Ein Historiker strebt nach Philosophie. Es gibt einige Tatsachen, die er erklären würde; andere, auf denen er ein System aufbauen würde. Heißes Klima begünstigt die Frühreife der Sexualfunktionen. Sie beschleunigen auch den Verfall der Anziehungskraft der Jugend. Daher ist eine Frau, die mit zwölf Jahren Mutter wird, mit zwanzig schon ihrer Schönheit entwachsen. Daraus folgt, dass geistige Kraft und persönliche Anziehungskraft notwendigerweise unvereinbar sind. Daher die Tendenz der Männer, nacheinander Frauen zu nehmen; wodurch gezeigt wird, dass die Polygamie einem Naturgesetz entspringt.

Ich frage nicht, ob das wahr oder falsch ist. Ich möchte den Leser lediglich daran erinnern, dass in dem Moment, in dem solche Bemerkungen gemacht werden, die *Naturgeschichte des Menschen als Bestandteil der Zivilgesellschaft* anerkannt wurde .

Die wichtigsten frühen Autoren, die die tatsächlichen und angeblichen Fakten der *Naturgeschichte des Menschen erweiterten* , ohne bekennende Ethnologen zu sein, waren Montesquieu und Herder. Indem sie das Thema bewarben, förderten sie es. Es ist zweifelhaft, ob sie mehr getan haben.

Wir befinden uns immer noch im Bereich des *Physischen* Phänomene ; und die rein intellektuellen, mentalen oder moralischen Eigenschaften des Menschen müssen noch berücksichtigt werden. Welche Einteilungen basierten auf dem Unterschied zwischen den Künsten der Neger und den Künsten der Pariser? Was ist mit dem Gegensatz zwischen den Despotismen Asiens und den Verfassungen Europas? Was ist zwischen dem Kannibalismus Neuseelands und der vergleichsweise grasfressenden Ernährung der Hindus? Es fehlte nicht an Naturforschern, die selbst in *der Naturgeschichte* auf dem hohen Wert solcher Charaktere bestanden, so immateriell und übersinnlich sie auch waren. Der Hund und der Fuchs, der Hase und das Kaninchen waren in ihrer Gestalt gleich; unterschiedlich in ihren Gewohnheiten und ihrem Temperament – doch letzteres musste anerkannt werden. Mehr noch, es half, die spezifischen Unterschiede zu überprüfen, die die bloßen Unterschiede in der Form zweifelhaft machen könnten.

Alles, was zu dieser Angelegenheit gesagt werden kann, ist, dass kein Zweig des Themas früher untersucht wurde als der, der sich mit den Sitten und Gebräuchen fremder Nationen befasste; während kein Zweig davon halb so fehlerhaft war und ist wie der, der uns ihren Wert als Merkmale lehrt. Da zehn Autoren mit denselben Tatsachen vertraut sind, gibt es zehn verschiedene Möglichkeiten, sie zu würdigen:

„Manserunt hodieque manent vestigia ruris.“

Im Jahr 1851 ist dies der schwächste Teil der Wissenschaft.

Mit einer Ausnahme jedoch – so unbestimmt und unschätzbar der ethnologische Wert solcher Unterschiede sein mag, wie sie zwischen dem Aberglauben, moralischen Gefühlen, natürlichen Neigungen oder industriellen Gewohnheiten verschiedener Familien bestehen, gibt es ein großes intellektuelles Phänomen, das auf jeden Fall nachgibt überhaupt kein Merkmal – ich meine Sprache. Was auch immer man gegen bestimmte Übertreibungen in Bezug auf die Konstanz sagen mag, es ist eine unbestrittene Tatsache, dass die Identität der Sprache ein *erster* Beweis für die Identität des Ursprungs ist.

Kein vernünftiger Mensch hat dies bestritten. Es ist nicht *schlüssig*, aber *auf den ersten Blick* zweifellos. Mehr kann man über Farbe , Haut, Haare und Skelett nicht sagen . Möglicherweise nicht so sehr.

Auch hier kann Sprache, ohne identisch zu sein, ähnlich sein; ebenso wie Personen, die keine Brüder oder Schwestern sind, Cousins und Cousinen ersten oder zweiten Grades sein können. Ähnlichkeit ist also *ein Anscheinsbeweis* für eine Beziehung.

Schließlich kann diese Ähnlichkeit gewichtet, gemessen und numerisch ausgedrückt werden; ein wichtiger *Gegenstand* in seinem Wert. Von 100 Wörtern in zwei verwandten Sprachen kann ein beliebiger Prozentsatz zwischen 1 und 99 übereinstimmen. Die Sprache ist dann ein *definitiver* Test, wenn es nichts anderes ist. Es gibt eine weitere Empfehlung; oder vielleicht sollte ich Bequemlichkeit sagen. Es kann im Verborgenen studiert werden: So dass für einen Reisenden, der beschreibt, was er in einem weit entfernten Land sieht, zwanzig Gelehrte in den Bibliotheken Europas am Werk sein können. Dies ist beim Osteologen nur bedingt der Fall.

Die philologische Ethnologie begann schon früh; lange bevor die Ethnologie oder sogar die früher entstandene Anthropologie entweder eine bewusste eigenständige Existenz oder einen Namen hatten. Es begann bereits vor den physikalischen Forschungen von Buffon.

„In der Sprache steckt mehr als in jedem ihrer Werke" – Viele, die die großen Werke der Literatur keineswegs unterschätzen, schließen sich dem an: Tatsächlich heißt es nur, dass die griechische Sprache eine wunderbarere Tatsache ist als die homerischen Gedichte oder die Æschylisches Drama. Dies ist jedoch nur ein Ausdruck der Bewunderung für die Konstruktion eines so wunderbaren Instruments wie der menschlichen Sprache.

„Wenn die Geschichte schweigt, ist die Sprache ein Beweis" – Dies ist ein ausdrückliches Bekenntnis zu ihrem Wert als Untersuchungsinstrument.

Ich kann keinem dieser Aussprüche zustimmen; obwohl ich bei beiden stark bleibe. Sie müssen uns auf einen neuen Begriff vorbereiten – *die philologische Schule der Ethnologie* , *das philologische Klassifikationsprinzip* , *den philologischen Test* . Das Schlimmste, was man darüber sagen kann, ist, dass es isoliert war. Die Philologen begannen ihre Arbeit unabhängig von den Anatomen und die Anatomen unabhängig von den Philologen. Und so haben sie, bis auf eine große Ausnahme, weitergemacht.

Pigafetta , einer der Weltumsegler mit Magalhaens , war der erste, der Exemplare der unbeschrifteten Dialekte der Länder sammelte, die Möglichkeiten boten.

Der Abbé Hervas veröffentlichte im 17. Jahrhundert seinen Katalog der Sprachen und die Arithmetik der Nationen, Teile eines großen und bemerkenswerten Werks, des *Saggio del Universo* . Seine *Daten* sammelte er mittels einer nahezu grenzenlosen Korrespondenz mit den jesuitischen Missionaren der Propaganda.

Der allumfassende Geist von Leibnitz hatte sich nicht nur der Philologie gewidmet, sondern hatte auch deren Bedeutung für die Geschichte klar erkannt. Ein Aufsatz über die baskische Sprache ist ein Beispiel für die Ethnologie des Erfinders der Fluxionen.

Reland schrieb über die weite Verbreitung der malaiischen Sprache; kritisierte bestimmte Vokabeln der Südseeinseln Hoorn, Egmont, Ticopia (damals Kokosinsel genannt) und des Salomon-Archipels und machte eine Tatsache bekannt, die bis heute rätselhaft ist – die Existenz malaiischer Wörter in der Sprache Madagaskars.

Im Jahr 1801 wurde Adelungs *Mithridates* erschien und enthielt Exemplare aller bekannten Sprachen der Welt; ein Werk, das für den vergleichenden Philologen ebenso klassisch ist wie Blackstones Kommentare für den englischen Anwalt. Vater's Supplement (1821) ist eine Ergänzung zu Adelung ; Jülgs (1845) bis Vaters .

Klaproth's ist der andere große Klassiker in dieser Abteilung. Seine *Asia Polyglotta* und *sein Sprachatlas* geben uns die Klassifizierung aller Familien Asiens nach den *Vokabeln,* die ihre Sprachen repräsentieren. Ob ein Vergleich zwischen ihren verschiedenen *Grammatiken* dasselbe bewirken würde, ist zweifelhaft; denn daraus folgt keineswegs, dass die Beweise der beiden übereinstimmen.

Klaproth und Adelung haben in der *Philologie* die gleiche Bedeutung wie Buffon und Blumenbach in der *zoologischen* Ethnologie.

Blumenbach *schätzte* die philologische Methode; doch der erste, der beides *verband, war Dr. Prichard.* Sein Beruf verschaffte ihm die nötige Physiologie; Und dass er ein Philologe unter Philologen war, beweisen nicht nur die zahlreichen Details in seinen Schriften, sondern auch sein „Östlicher Ursprung der keltischen Nationen" – die eindeutigste und begehrteste Ergänzung, die der ethnographischen Philologie jemals hinzugefügt wurde. Ich sage nichts über die Details von Dr. Prichards großartiger Arbeit. Mögen diejenigen, die an seinem Wert zweifeln, versuchen, darauf zu verzichten.

Aber es fehlt noch etwas. Das Verhältnis der Wissenschaften zu den anderen Wissenszweigen bedarf einer Festlegung. Bei der Anthropologie ist der Fall ziemlich klar. Es kommt teilweise in Kontakt mit den Naturwissenschaften (oder denen, die auf dem Klassifikationsprinzip basieren) und den biologischen (oder denen, die auf der Idee der Organisation und des Lebens basieren).

Die Ethnologie ist jedoch hinsichtlich ihrer Position unentschlossener. Wenn es sich nur um eine Form der Geschichte handelt, ist ihr Platz unter den induktiven Wissenschaften zweideutig; denn weder die Gesetze, die es entwickelt , noch die Methode, es zu verfolgen, geben ihm hier einen Platz.

Diese stellen es in die gleiche Kategorie wie eine Reihe von Aufzeichnungen, die aus Zeugenaussagen stammen, oder mit einem Reisebuch – literarisch, aber nicht wissenschaftlich. Und so ist es bis zu einem gewissen Grad tatsächlich. Zwei bemerkenswerte Produktionen haben jedoch dafür gesorgt, dass die Verhältnisse anders sind.

In Sir C. Lyells „Prinzipien der Geologie" haben wir ein ausführliches Beispiel für die Schlussfolgerung vom Bekannten zum Unbekannten und für die *Schlussfolgerung von Ursachen aus Wirkungen*. Es wäre für unsere Philosophie diskreditierend gewesen, wenn ein solches in die Praxis umgesetztes Muster der Logik außer Acht gelassen worden wäre.

Bald darauf erschienen die überaus eindrucksvollen Werke *par nobile* des jetzigen Masters des Trinity College in Cambridge. Hier wird uns beigebracht, dass in den Wissenschaften Geologie, Ethnologie und Archäologie die *Methode* den Charakter der Studie bestimmt; und dass wir in all dem rückwärts argumentieren. Gegenwärtige *Auswirkungen* kennen wir; Wir kennen auch ihre *Ursachen*, soweit die historische Periode zurückreicht. Wenn wir darüber hinausgehen, können wir immer noch schlussfolgern – schlussfolgern aus der Erfahrung, die uns die historische Periode geliefert hat. Das Klima zum Beispiel und bestimmte andere Bedingungen haben *einen gewissen* Einfluss; im Rahmen einer Generation ein kleiner, im Rahmen eines Jahrtausends ein größerer. Bevor wir einen Unterschied als unerklärlich abtun, müssen wir daher die Veränderungen untersuchen, die ihn hervorgerufen haben, die Bedingungen, die diese Veränderungen möglicherweise verursacht haben, und die Zeit, die erforderlich ist, bis sich ihr Einfluss zeigt.

In Dr. Prichards „Jubiläumsrede", die er 1847 vor der Ethnological Society of London hielt – ein Werk, das nach dem Tod seines berühmten Autors veröffentlicht wurde – wird diese Beziehung zur Geologie nachdrücklich anerkannt: „Geologie ist, wie jeder weiß , keine Es geht nicht darum, was die Natur heute hervorbringt, sondern um das, was sie schon vor langer Zeit hervorgebracht hat. Es handelt sich um eine Untersuchung der Veränderungen, die die Oberfläche unseres Planeten in längst vergangenen Zeiten erfahren hat . Die Fakten, auf denen die Schlussfolgerungen der Geologie basieren, werden aus verschiedenen Teilen der Naturgeschichte gesammelt. Der Student der Geologie erforscht die Prozesse in der Natur, die derzeit ablaufen, aber dies geschieht zu dem Zweck, das so erworbene Wissen auf die Untersuchung vergangener Zeiten anzuwenden und in den verschiedenen Schichten der Erde nachzuspüren Kruste – sie zeigt Relikte verschiedener Formen organischen Lebens – die Reihe der wiederholten Schöpfungen, die stattgefunden haben. Diese Untersuchung gehört offensichtlich eher zur *Geschichte* oder *Archäologie* als zu dem, was man *Naturgeschichte nennt*. Von einem gelehrten Schriftsteller, dessen Name jemals mit den Annalen der British Association in Verbindung gebracht wird, wurde der Begriff Paläontologie treffend auf die Wissenschaften dieser Abteilung angewendet, für die „Physikalische Archäologie" als Synonym verwendet werden kann. Die Paläontologie umfasst sowohl Geologie als auch Ethnologie. Geologie ist die Archäologie des Globus – Ethnologie die seiner menschlichen Bewohner."

paläontologischen Charakter verliert , verliert sie die Hälfte ihrer wissenschaftlichen Elemente; und die praktische und entschiedene Anerkennung dessen sollte das Merkmal der englischen Schule der Ethnologen sein.

Dieses Kapitel schließt mit der Betrachtung der Auswirkungen der paläontologischen Methode auf einen der schwierigsten Teile der Ethnologie, nämlich die Ethnologie. die Identifizierung alter Bevölkerungsgruppen oder die Verteilung der von den klassischen, biblischen und älteren orientalischen Schriftstellern erwähnten Nationen unter den bestehenden oder ausgestorbenen Stämmen und Familien der Menschheit.

Da sind die Etrusker – wer waren sie? Die Pelasger – wer waren sie? Die Hunnen, die im fünften Jahrhundert Europa überrannten; die Cimmerier , die 900 Jahre zuvor Asien verwüsteten? Die Archäologie beantwortet einige dieser Fragen; und das Zeugnis antiker Schriftsteller hilft uns bei anderen. Doch beide führen in die Irre – vielleicht fast genauso oft, wie sie uns richtig leiten. Wäre dies nicht der Fall, gäbe es weniger Meinungsverschiedenheiten.

Dennoch war bis heute die Aussage eines antiken Historikers oder Geographen die wichtigste Tatsache über solche Populationen, und die erste Frage, die gestellt wurde, lautete: Was sagen *Tacitus* , *Strabo, Herodot, Ptolemäus* usw.? &C.? In kritischen Händen gehen die Untersuchungen weiter; und Aussagen werden verglichen, Zeugenaussagen gegeneinander abgewogen, die Erkenntnismöglichkeiten und die Ehrlichkeit in der Aufzeichnung der jeweiligen Autoren untersucht. Auf diese Weise hat eine Skizze des antiken Griechenlands von Thukydides einen Wert, den ihm die Autorität eines geringeren Schriftstellers nicht verleihen würde – und so geht es auch mit anderen. Nichtsdestotrotz beruhte das, was Thukydides schrieb, auf Berichten und Schlussfolgerungen – höchstwahrscheinlich sorgfältig abgewogenen Berichten und berechtigterweise gezogenen Schlussfolgerungen. Dennoch gibt es unzählige Fehlerquellen, für die er nicht verantwortlich gemacht werden kann. Er stützte sich auf Beweise vom Hörensagen – vielleicht hat er sie gesichtet; aber dennoch stützte er sich nur auf Beweise vom Hörensagen. Wie bewerten wir solche Beweise? Aufgrund der natürlichen Wahrscheinlichkeiten des Kontos , das es darstellt. Mit welchen Mitteln ermitteln wir diese?

Ich behaupte, dass es hier nur einen Maßstab gibt – den gegenwärtigen Zustand der Dinge, wie er entweder uns selbst bekannt ist oder den Zeitgenossen bekannt ist, die in der Lage sind, sie in der Zeit zu erlernen, die der betrachteten Zeit am nächsten liegt. Dies betrachten wir als die Auswirkung einer vorausgehenden Ursache – oder einer Reihe von Ursachen. Ποῦστῶ ; sagt der Gelehrte. Über das Diktum dieses oder jenes Autors. Ποῦστῶ ; sagt der archimedische Ethnologe. Zur letzten bezeugten Tatsache.

Die Seiten und Seiten, die neun Zehntel der Historiker dem mysteriösen *Pelasgi zukommen lassen,* sind ein Beispiel dafür, wie unbefriedigend alles andere als ein zeitgenössisches Zeugnis bei der Identifizierung antiker Nationen ist. Fügen Sie Niebuhr zu Müller und Thirlwall zu Niebuhr hinzu – Pilion zu Ossa und Olymp zu Pilion – und zu welchen *Fakten* gelangen wir – Fakten, auf die wir uns als solche verlassen können, Fakten, die durch zeitgenössische Beweise gestützt werden und die unter der Möglichkeit der Feststellung aufgezeichnet wurden? Nur die drei, die Herr Grote erkannt hat; nämlich. dass ihre Sprache in Khreston gesprochen wurde – dass sie in Plakeæ gesprochen wurde – dass sie sich in einem unbestimmten Ausmaß vom Griechischen unterschied.

Das ist alles, was der Ethnologe erkennt; und daraus argumentiert er, so gut er kann. Jede Tatsache, die nicht ausreichend durch Beweise aus erster Hand oder nachvollziehbare Beweise gestützt wird, behandelt er mit Gleichgültigkeit. In der Geschichte mag es gut sein; aber es ist nicht gut für *ihn* . Er hat zu viel Nutzen, um es zu nutzen, zu viel, um darauf aufzubauen, zu viele Argumente, um daraus abzuleiten, als dass es anders als unanfechtbar wäre.

Noch einmal: Tacitus führt sein *Germania* bis zum Njemen, so dass es die heutigen Länder Mecklenburg, Pommern, Brandenburg, West- und Ostpreußen und Kurland umfasst. Ist das an sich unwahrscheinlich? Nein. Das Gebiet ist keineswegs übermäßig groß. Ist es unwahrscheinlich, wenn wir den gegenwärtigen Zustand dieser Länder in Frage stellen? Nein. Sie sind derzeit Deutsche. Ist es überhaupt unwahrscheinlich? und wenn ja, in was? Ja. Es wird unwahrscheinlich, wenn wir uns daran erinnern, dass die heutigen Deutschen ebenso eindeutig und zweifellos neue Einwanderer für die betreffenden Gebiete waren wie die Engländer des Tals des Mississippi, und dass sie zu Beginn der historischen Periode alle slawisch waren , mit nichts als der Phraseologie von Tacitus, um uns davon abzuhalten zu glauben, dass sie schon immer so gewesen seien. Aber es ist auch unwahrscheinlich, dass ein so angesehener Schriftsteller wie Tacitus sich irren könnte. Gewährt. Und hier beginnt der Konflikt der Schwierigkeiten. Dennoch ist die wichtigste ethnologische Tatsache der Stand der Dinge, wie er war, als die betrachteten Länder zum ersten Mal genau bekannt waren, zusammen mit der Wahrscheinlichkeit oder Unwahrscheinlichkeit, dass dies für einen bestimmten Zeitraum zuvor existiert hat, verglichen mit der Wahrscheinlichkeit oder Unwahrscheinlichkeit, dass dies der Fall war die Migrationen und andere Annahmen, die für seine jüngste Einführung erforderlich sind.

FUSSNOTEN

[1] Der Wert von Tacitus als Autorität wird in einer ethnologischen Ausgabe der *Germania* des Autors, die derzeit veröffentlicht wird, eingehend untersucht. Der Zweck dieses Kapitels besteht lediglich darin, zu zeigen, inwieweit die betreffende Wissenschaft jüngeren und nicht antiken Ursprungs ist.

[2] Barrs Übersetzung, Bd. iv. P. 191.

KAPITEL II.

Ethnologie – ihre Gegenstände – die Hauptprobleme, die damit verbunden sind – zukünftige Fragen – Übertragung von Populationen – Auszug aus Knox – Korrelation bestimmter Körperteile mit bestimmten äußeren Einflüssen – Teile, die weniger solchen Einflüssen ausgesetzt sind – retrospektive Fragen – die Einheit oder Nicht- Einheit unserer Art – Meinungen – Pluralität der Arten – Vielfalt der Protoplasten – Entwicklungslehre – Dokkos – Auszug – Alter unserer Art – ihr geographischer Ursprung – der Begriff *Rasse* .

IN Cuvier – soweit er geht – ist die anthropologische Sicht auf das Thema vorherrschend; und das ist es, was wir von der Art der Arbeit erwarten, in der es vorkommt: Der Grad, in dem sich eine Gattung oder Art von der Art oder Gattung daneben unterscheidet, ist die besondere Überlegung des systematischen Naturforschers. Um unsere Sorten auszustellen, wäre eine spezielle Monographie erforderlich gewesen.

Bei Prichard hingegen überwiegt die Ethnologie; Von der Anthropologie im engeren Sinne des Wortes gibt es nur wenige; und die Ethnologie ist breit und umfassend. Es gibt eine Beschreibung und eine Klassifizierung. Aber darüber hinaus ist ein großer Teil der Arbeit dem gewidmet, was man als *ethnologische Dynamik* bezeichnen könnte , d. h . e. die Wertschätzung der Auswirkungen der äußeren Bedingungen wie Klima, Breitengrad, relativer Meeresspiegel und dergleichen auf den menschlichen Körper.

Prichard ist das große Repertoire an Fakten; und zusammen mit Whewells Kommentaren gelesen, liefert es uns die Wissenschaft in einer Form, die für die Zwecke der Detaillierung ausreichend und für die Grundlage einer weiteren Verallgemeinerung ausreichend systematisch ist. Dennoch muss es mit dem bereits erwähnten Kommentar gelesen werden. Wenn nicht, versagt es in seinem intellektuellsten Element; und wird zu einem System einfacher Aufzeichnungen und nicht zu einer Reihe subtiler und eigenartiger Schlussfolgerungen. Lesen Sie also, es gibt uns unsere Fakten und Klassifizierungen in einer *funktionierenden Form* . Mit anderen Worten: Die Wissenschaft hat nun ihren wahren Platz und Charakter eingenommen.

Wenn mehr als das nötig ist – und für die Anthropologie könnten einige denken, dass Cuvier zu kurz und Prichard zu ausschließlich ethnologisch ist –, bildet das Werk von Lawrence die Ergänzung. Diese bilden zusammen mit Adelung und Klaproth den *Thesaurus Ethnologicus* . Aber die Fakten, die sie liefern, sind wie das Schwert des mohammedanischen Kriegers. Sein Wert hing von dem Arm ab, der es führte; und das ist hier der Fall. Es wurde noch kein Buch geschrieben, das implizit für viel mehr als seine *Fakten gehalten werden kann* . Seine Schlussfolgerungen und Klassifizierung müssen *kritisiert werden* . Wie dem auch sei, Herr Mill schreibt im Jahr 1846 n. Chr., dass „über die physische Natur des Menschen als organisiertes Wesen viele Kontroversen stattgefunden haben, die nur durch die allgemeine Anerkennung und den Einsatz strengerer Regeln beendet werden können." Induktionsregeln als allgemein anerkannt; Es gibt jedoch eine beträchtliche Menge an Wahrheiten, die alle, die sich mit dem Thema befasst haben, für vollständig erwiesen halten, und es gibt auch keine radikale Unvollkommenheit in der Methode, die in diesem Bereich der Wissenschaft von seinen bedeutendsten modernen Lehrern beobachtet wird."

Das hätte vor dreißig Jahren nicht geschrieben werden können. Die *Abteilung für Wissenschaft* wäre dann unbestimmt gewesen; und die *Lehrer wären nicht ausgezeichnet* worden .

Nun könnte es angebracht sein, zu sagen, was Ethnologie und Anthropologie *nicht sind* . Ihre Beziehungen zur Geschichte wurden berücksichtigt. *Die Archäologie* veranschaulicht beides; Doch in dem Moment, in dem es mit einem von beiden verwechselt wird, entsteht Unheil. *Die Psychologie* oder die Wissenschaft von den Gesetzen des Geistes steht in derselben Beziehung zu ihnen wie die *Physiologie – mutatis mutandis* ; *dh den* Geist an die Stelle des Körpers setzen.

Aber näher als beides sind die beiden untergeordneten Studien der Ethologie [3] oder der Charakterwissenschaft, mit deren Hilfe wir die Art von Charakter bestimmen, die in Übereinstimmung mit den Gesetzen des Geistes durch *beliebige* Umstände, sowohl *physische* als auch moralische, hervorgebracht wird; und die Wissenschaft der Gesellschaft, die die Wirkung und Reaktion assoziierter Massen [4] aufeinander untersucht.

Das ist also unsere Wissenschaft; die nach dem Prinzip der Arbeitsteilung klar abgegrenzt werden müssen, damit sie vorteilhaft bearbeitet werden können. Und nun fragen wir nach der Natur seiner *Objekte* . Es hat nicht viel mit der Aufstellung irgendwelcher *Gesetze* von bemerkenswerter Allgemeingültigkeit zu tun; ein Umstand, der in den Augen einiger seinen Wert als Wissenschaft schmälern könnte; Der nächste Ansatz zu irgendetwas dieser Art ist die allgemeine Aussage, die in den Klassifikationen selbst enthalten ist. Sein eigentliches Ziel ist die Lösung bestimmter *Probleme –* Probleme, die es mit seiner eigenen, besonderen Methode untersucht – und Probleme von ausreichender Höhe und Tiefe sowie Länge und Breite, um auch die ehrgeizigsten zu befriedigen. All dies lässt sich auf zwei Köpfe zurückführen und verbindet sich entweder mit der *vergangenen* oder der *zukünftigen* Geschichte unserer Spezies; seinen *Ursprung* oder *sein Ziel* .

Wir sehen zwischen dem Neger und dem Amerikaner einen gewissen Unterschied. Gab es das schon immer? Wenn nicht, wie kam es dazu? Durch welche Einflüsse? In welcher Zeit? Schnell oder langsam? Diese Fragen weisen in die Vergangenheit und zwingen uns dazu, darüber nachzudenken, was *gewesen ist* .

Aber das nächste bringt uns voran. Große Experimente zur Übertragung von Populationen von einem Klima auf ein anderes wurden seit der Entdeckung Amerikas durchgeführt und finden auch heute noch statt; manchmal westwärts in Richtung der Neuen Welt; manchmal ostwärts wie nach Australien und Neuseeland; jetzt aus keltischen Bevölkerungsgruppen wie Irland; jetzt aus gotischen Ländern wie England und Deutschland; jetzt aus Spanien und Portugal; – ganz zu schweigen von dem ebenso großen Phänomen der Negersklaverei, die die tatsächliche oder angebliche Bedingung des amerikanischen Wohlstands ist. Wird das gelingen? Fragen Sie dies in Philadelphia, Lima, Sydney oder Auckland, und die Antwort wird mit ziemlicher Sicherheit bejahend sein. Fragen Sie einen unserer englischen Anatomen. Seine Antwort lautet wie folgt: „Lassen Sie uns nun das größte aller Experimente betrachten, die jemals durchgeführt wurden, nämlich die Übertragung einer einheimischen Bevölkerung auf einen Kontinent und den Versuch, durch Auswanderung einen anderen Kontinent in Besitz zu nehmen; es mit eigenen Händen zu kultivieren; es kolonisieren; um die Welt rechtzeitig davon zu überzeugen, dass sie *die Eingeborenen* des neu besetzten Landes sind. Nordamerika und Australien lieferten die Schauplätze für dieses größte aller Experimente. Das Pferd, das Schaf, der Ochse sind in diesen Ländern bereits sozusagen heimisch geworden. Die Natur hat sie zunächst nicht dort platziert, doch sie scheinen zu gedeihen und zu gedeihen und sich außerordentlich zu vermehren. Doch selbst was diese Haustiere betrifft, können wir uns nicht ganz sicher sein. Werden sie irgendwann selbsttragend sein? Werden sie das Lama, das Känguru, den Büffel, den Hirsch verdrängen? Oder müssen sie, um dies zu erreichen , ständig von Europa aus renoviert werden? Wenn dies der Fall ist, dann ist die Akklimatisierung nicht perfekt. Wie steht es mit dem Menschen selbst? Der dort von Natur aus gepflanzte Mensch, der Indianer, unterscheidet sich von allen anderen auf der Erde; er weicht vor den europäischen Rassen, den Sachsen und den Kelten; die Kelten, Iberer und Lusitaner im Süden; die Kelten und die Sachsen im Norden.

„Von den tropischen Regionen der Neuen Welt brauche ich nicht zu sprechen; Jeder weiß, dass niemand außer denen, die die Natur dorthin gestellt hat, dort leben kann. dass kein Europäer ein tropisches Land kolonisieren kann. Aber könnten in milderen Regionen nicht gewisse Zweifel an ihrer Selbstversorgung bestehen? Nehmen Sie die Nordstaaten selbst. Dort scheinen die Sachsen und die Kelten über alles hinaus zu gedeihen, was in der Geschichte aufgezeichnet ist. Aber sind wir ganz sicher, dass dies von

Dauer sein wird? Jährlich werden aus Europa hunderttausend Männer und Frauen des besten skandinavischen Blutes und doppelt so viele wie die der reinen Kelten gegossen; Und solange das so bleibt, wird es ihm bestimmt gut gehen. Aber prüfen Sie es, verhaften Sie es plötzlich, wie im Fall von Mexiko und Peru; Die *Last* der Fortpflanzung auf die Bevölkerung abzuwälzen, ist nicht länger europäisch, sondern ein Kampf zwischen dem europäischen Fremden und seinem adoptierten Vaterland. Das Klima; die Wälder; die Überreste der Ureinwohner sind noch nicht ausgestorben; und nicht zuletzt jene unbekannte und mysteriöse Verschlechterung des Lebens und der Energie, die in der Antike über das Schicksal aller phönizischen, griechischen und koptischen Kolonien entschieden zu haben scheint. Als sie von ihrem ursprünglichen Bestand abgeschnitten wurden, verdorrten und verblühten sie allmählich und starben schließlich aus. Der Phönizier hat sich weder in Afrika noch in Cornwall noch in Wales akklimatisiert; Es sind zwar noch Überreste seiner Rasse vorhanden, aber es sind bloße Überreste. Peru und Mexiko verfallen schnell in ihren ursprünglichen Zustand; Können die Nordstaaten unter ähnlichen Umständen nicht dasselbe tun?

„Schon im Aussehen unterscheidet sich der US-amerikanische Mann vom europäischen: Die Damen verlieren früh ihre Zähne; bei beiden Geschlechtern verschwindet das Fettzellpolster zwischen der Haut und den Aponeurosen und Muskeln oder verliert zumindest seinen Fettanteil; die Muskeln werden sehnig und zeigen sich; die Sehnen erscheinen an der Oberfläche; Es treten Symptome eines vorzeitigen Verfalls auf. Was deuten nun diese Zeichen, zusammen mit der Ungewissheit des Säuglingslebens in den Südstaaten und der Kleinheit ihrer Familien im Norden, an? Nicht die Verwandlung des Angelsächsischen in den Indianer, sondern Warnungen, dass das Klima nicht für ihn gemacht wurde und er auch nicht für das Klima.

„Sehen Sie, was selbst eine kleine Menge Isolierung für die französischen Kelten in Unterkanada bewirkt hat. Schauen Sie sich das Rennen dort an! Kleine Männer, kleine Pferde, kleines Vieh, noch kleinere Karren, die kleinsten Ideen von allen; er ist nicht einmal der Kelte des modernen Frankreichs! Er ist der französische Kelte der Regentschaft, das Ding Ludwigs XIII. Stationär – absolut stationär – hängen seine Zahlen, glaube ich, von der gelegentlichen Beimischung von frischem Blut aus Europa ab. Seit seiner ersten Niederlassung in Kanada ist er auf eine Million angewachsen; Aber ein Großteil davon kam aus Großbritannien und nicht aus Frankreich. Geben Sie uns die Statistiken der ursprünglichen Familien, die sich von dem in die Provinz importierten Frischblut fernhalten. Lassen Sie uns die reale und solide Zunahme der ursprünglichen *Bewohner*, wie sie sich gerne nennen, betrachten, und dann können wir mit dem Ergebnis rechnen.

„Wäre die Kolonie ein oder zwei Jahrhunderte lang sich selbst überlassen und von Europa abgeschnitten gewesen, so glaube ich, dass der Wald, die Büffel und die Indianer sie in den Sankt-Lorenz-Strom gedrängt hätten [5].
"

Ich gebe keine Meinung über die Wahrheit des Auszugs ab; mit der Bemerkung, dass es, ob richtig oder falsch, eindringlich und selbstbewusst zum Ausdruck gebracht wird. Die Passage hat lediglich die Aufgabe, den Charakter der Frage zu veranschaulichen. Es lenkt unsere Betrachtung auf das, was *sein wird*.

Um Fragen in einer dieser Klassen zu klären, muss es natürlich einen Bezug zu den allgemeinen Vorgängen des Klimas, der Ernährung und anderer Einflüsse geben; Vorgänge, die eine entsprechende Anfälligkeit für Veränderungen seitens des menschlichen Organismus implizieren.

In einer gut konstruierten Maschine stehen die verschiedenen Teile in einer eindeutigen Beziehung zueinander. Je größer der Widerstand, desto dicker sind die Seile und Ketten; und je dicker die Seile und Ketten, desto stärker die Rollen; je stärker die Riemenscheiben, desto größer die Kraft; und so weiter. Empfindliche Rollen mit schweren Seilen oder leichte Leinen mit sperrigen Rollen wären eine enorme Energieverschwendung. Gleiches gilt für das Skelett. Wenn der Muskel massiv ist, muss der Knochen, an dem er befestigt ist, fest sein; andernfalls liegt ein Missverhältnis der Teile vor. In dieser Hinsicht stimmt der organisierte und belebte Körper mit einer gemeinsamen Maschine, dem Werk menschlicher Hände, überein. Es stimmt damit überein, übertrifft es aber auch. Es verfügt über eine innere Fähigkeit zur Selbstanpassung. Keine noch so große Arbeit würde eine dünne Leine in ein starkes Seil verwandeln oder ein leichtes Gerüst in ein starkes. Wenn Masse gewünscht wird, muss sie zunächst gegeben werden. Doch was hat es mit dem Skelett auf sich, dem Gerüst der Muskulatur? Es *hat* die Fähigkeit, sich an die ihm ausgesetzten Belastungen anzupassen. Die Nahrung, von der wir leben, ist unterschiedlich hart und zäh; Und je härter und härter es ist, desto mehr Arbeit gibt es für die Unterkiefermuskulatur. Aber während diese funktionieren, wachsen sie; denn – unter sonst gleichen Bedingungen – ist Größe Macht; und während sie wachsen, müssen auch andere Teile wachsen. Da sind die Knochen. *Wie* sie wachsen, ist eine komplexe Frage. Manchmal wird eine glatte Oberfläche rau, ein feiner Knochen grob; manchmal wird ein kurzer Prozess verlängert oder ein schmaler erweitert; Manchmal ist die Zunahme einfach oder absolut, und der betreffende Knochen verändert seinen Charakter, ohne den der mit ihm in Berührung kommenden Teile zu beeinflussen. Aber häufig treten bei Veränderungen Komplikationen auf, und die Entwicklung eines Knochens geht auf Kosten eines anderen Knochens; Die *Beziehungen* der verschiedenen Teile eines Skeletts werden dadurch verändert.

Ein Skelett kann also durch die Wirkung seiner eigenen Muskeln verändert werden; Mit anderen Worten: Wo es Muskeln gibt, die einer Massezunahme unterliegen, gibt es auch Knochen, die ebenfalls dafür anfällig sind – Knochen, auf denen sich Unebenheiten, Grate oder Fortsätze entwickeln können – Knochen, aus denen Unebenheiten, Grate oder Fortsätze verschwinden können, und Knochen deren relative Anteile können variiert werden. Damit dies jedoch geschehen kann, muss es die Muskelaktion geben, die es bestimmt.

Dies gilt nun für die *harten Teile* bzw. das Skelett; und wie allgemein anerkannt ist, dass, wenn das knöcherne Gerüst des Körpers durch die Wirkung seiner eigenen Muskeln auf diese Weise modifiziert werden kann, die extremen Bedingungen von Hitze, Licht, Nahrung, Feuchtigkeit usw. sich erst recht auf das *weiche* auswirken Teile wie Haut und Fettgewebe. Auch hinsichtlich der Farbvielfalt der Iris und der Farbe und Beschaffenheit des Haares wurden keine großen Schwierigkeiten aufgeworfen .

Aber was wäre, wenn es in bestimmten *schwierigen* Teilen einen Unterschied ohne entsprechende greifbare, modifizierende Ursache gäbe? Was passiert, wenn Teile, auf die kein Muskel einwirkt, variieren? In einem solchen Fall haben wir eine neue Klasse von Tatsachen und eine neue Bedeutung, die ihr gegeben wird. Wir beziehen unsere Illustrationen nicht mehr aus den Seilen und Rollen von Maschinen. Es mag eine Anpassung geben, aber es handelt sich nicht mehr um eine Anpassung der einfachen, geradlinigen Art, die wir gezeigt haben. Es handelt sich um eine Anpassung des Prinzips, das die Galionsfigur eines Schiffes bestimmt, und nicht um eine Anpassung des Prinzips, das die Takelage bestimmt. Dennoch gibt es auf beiden Seiten ein Prinzip; Auf der einen Seite besteht jedoch ein offensichtlicher Zusammenhang zwischen Ursache und Wirkung; andererseits wird der Begriff der Wahl oder Spontaneität einer *Idee* vorgeschlagen.

Dadurch unterscheidet sich die Betrachtung eines Zahns von der des Kiefers, in den er implantiert ist. Keine Muskeln wirken direkt darauf; und alles, was dieser Druck an seiner Basis bewirken kann, ist, die Richtung seines Wachstums zu beeinflussen. Die Form seiner Krone lässt er unberührt. Wie – ich verwende fast die Worte von Prof. Owen – können wir uns vorstellen, dass die Entwicklung des großen Eckzahns des Schimpansen ein Ergebnis äußerer Reize ist oder durch Muskelaktionen beeinflusst wurde, wenn er verkalkt wird, bevor er schneidet? Gummi, oder verdrängt es seinen laubabwerfenden Vorgänger – eine vorherbestimmte Struktur, eine Waffe, die vor der Entwicklung der Kräfte, mit denen sie geführt werden soll, vorbereitet wurde [6] ?

Dies verdeutlicht den Unterschied zwischen den Teilen, die dem Einfluss äußerer Bedingungen offenbar nicht standhalten, und den Teilen, die sich entweder überhaupt nicht ändern oder sich nach unbestimmten Gesetzen ändern.

Bei Ersterem achten wir auf die Bedingungen von Sonne, Luft, Gewohnheiten oder Breitengrad; Letzteres interpretieren wir, so gut wir können, durch Verweise auf andere Arten oder auf dieselben in ihren früheren Entwicklungsstadien.

So ist der sogenannte supraorbitale Grat oder der Vorsprung des unteren Teils der Stirn über Nase und Augen bei manchen Individuen ausgeprägter als bei anderen; und bei den afrikanischen und australischen Sorten ausgeprägter als bei uns. Das ist eine ethnologische Tatsache.

Wiederum – und das ist eine anthropologische Tatsache – ist es beim Menschen überhaupt nur mäßig entwickelt: Beim Orang-Utan hingegen ist es mäßig; und beim Schimpansen enorm und charakteristisch entwickelt.

Daher ist es einer der neun Punkte, bei denen der *Pithecus Wurmbii* dem Menschen näher kommt als der *Troglodytes Gorilla* [7] , im Gegensatz zu den vierundzwanzig Punkten, bei denen der *Troglodytes Gorilla* uns näher kommt als der *Pithecus Wurmbii* .

Hätte dieser Grat den Muskeln eine Bindung verliehen, hätten wir uns fragen sollen, welche Arbeit diese Muskeln leisteten und wie stark sie in den verschiedenen Regionen variierte, anstatt viel über den *Pithecus Wurmbii* oder den *Troglodytes-Gorilla nachzudenken* .

Es sind jedoch bestimmte Probleme, die die höheren Zweige der Ethnologie ausmachen; und dieser Untersuchung ist die Abteilung für ethnologische Dynamik unterworfen. *Wenn wir zurückblicken* , stellen wir uns vor allem die großen Fragen:

- 1. Die Einheit oder Nichteinheit der Art.

- 2. Es ist alt.

- 3. Sein geografischer Ursprung.

Die Einheit oder Nicht-Einheit der menschlichen Spezies wurde unter einer Vielzahl von Aspekten betrachtet; Einige beziehen sich auf die Tatsache selbst, andere auf die Bedeutung des Begriffs „*Art*".

- 1. Bestimmte Strukturpunkte sind *konstant* . Dies ist einer der Gründe dafür, den Menschen zur einzigen Art der Gattung und zur einzigen Gattung seiner Ordnung zu machen.

- 2. Alle Mischlinge sind produktiv. Das ist etwas anderes.

- 3. Der Nachweis der Sprache weist auf einen gemeinsamen Ursprung hin; und die einfachste Form davon ist ein einzelnes Paar. Das ist ein Drittel.

- 4. Wir können eine Reihe allgemeiner Aussagen über die Klasse der Wesen namens Mensch machen. Dies trennt sie lediglich von allen anderen Klassen. Es bestimmt nicht die Natur der Klasse selbst in Bezug auf ihre Mitglieder. Es kann in Abteilungen und Unterabteilungen unterteilt sein.

- 5. Die Art kann eins sein; aber die Anzahl der *ersten Paare* kann zahlreich sein. Dies ist die Lehre von der *Vielfalt der Protoplasten* [8] .

- 6. Die Art hatte möglicherweise überhaupt keinen Protoplasten; Möglicherweise hat sie sich jedoch aus einigen Arten entwickelt, die ihr vorangehen und auf der Skala der Natur tiefer liegen, da diese frühere Art selbst auf diese Weise entwickelt wurde. In diesem Fall wird der Protoplast auf unbestimmte Zeit nach hinten geschleudert; Mit anderen Worten: Der Protoplast einer Art ist der Protoplast vieler.

- 7. Die Gattung *Homo* kann in mehrere Arten zerfallen; so dass das, was manche als *Varietäten einer einzelnen Art bezeichnen* , in Wirklichkeit verschiedene Arten einer einzigen Gattung sind.

- *Gattung* einordnen zu können . Zu einer *Ordnung* können zwei oder sogar mehr Gattungen gehören .

- 9. Viele der vorliegenden Sorten stellen möglicherweise Vermischungen von Arten dar, die nicht mehr in reinem Zustand vorhanden sind.

- 10. Alle *bekannten* Varietäten können einer einzigen Art zugeordnet werden; aber es kann sein, dass es neue, unbeschriebene Arten gibt.

- 11. Alle *vorhandenen* Sorten können einer einzigen Art zugeordnet werden; aber bestimmte *Arten* existieren möglicherweise nicht mehr.

Dies sind die Hauptansichten, die unter Gelehrten zu diesem Punkt im Umlauf sind; obwohl sie nicht in einer streng logischen Form dargelegt wurden, da Meinungsverschiedenheiten über die Bedeutung des Begriffs „ *Art*" in derselben Liste aufgeführt wurden wie Meinungsverschiedenheiten über die Tatsache unserer Einheit oder Nicht-Einheit.

Diese Meinungsverschiedenheiten beschränken sich nicht auf bloße Schlussfolgerungen. Die *Tatsachen* , auf denen solche Schlussfolgerungen beruhen, werden keineswegs einstimmig anerkannt. Einige leugnen die Konstanz bestimmter Strukturpunkte und noch mehr leugnen die *dauerhafte*

Fruchtbarkeit gemischter Rassen. Auch hier gelten die Sprachnachweise nur für bekannte Sprachen; während die vierte Sichtweise eher auf einer *logischen* als auf einer *zoologischen* Sichtweise der *Arten* basiert .

Die Lehre von einer *Vielzahl von Protoplasten* ist weit verbreitet. Viele Zoologen sind der Meinung, und sie haben natürlich zoologische Gründe dafür. Andere stützen sich dabei auf Gründe einer ganz anderen Beschreibung – Gründe, die auf der Annahme einer endgültigen Ursache beruhen. Der Mensch ist ein *soziales* Tier. Lassen Sie die Bedeutung davon ein wenig übertreiben. Der Begriff ist *korrelativ* . Die Frau genügt dem Mann nicht; Das *Paar* benötigt sein *Paar* zum Wohle der Gesellschaft. Wenn der Mensch also jetzt nicht dazu geschaffen wurde, allein zu leben, wurde er zunächst nicht allein geschaffen. Um als Mitglied der Gesellschaft geboren zu werden, muss es Partner geben. Dies ist der teleologische [9] – man könnte ihn vielleicht den theologischen nennen – Grund für die Vielfalt der Protoplasten.

Sein *nicht* -induktiver Charakter zieht etwas von seinem Wert ab.

Die Schwierigkeit, eine Grenze hinsichtlich der Größe der ursprünglichen Gesellschaft zu ziehen, verringert sich noch mehr. Wenn wir ein zweites Paar zulassen, warum gewähren wir dann nicht ein Dorf, eine Stadt, eine Stadt und ihre Körperschaft? &C.

Auch hier handelt es sich entweder um eine primitive Zivilisation oder um etwas sehr Ähnliches. Wo sind seine Spuren? Wenn wir jedoch bestimmte Annahmen in Bezug auf die Geschichte der menschlichen Zivilisation treffen, ist die teleologische Lehre von der Vielfalt der Protoplasten schwer zu widerlegen.

Und so ist es auch mit dem Zoologischen; vorausgesetzt, wir machen sprachliche Zugeständnisse. Bestimmte Paare seien mit der Fähigkeit, aber nicht mit der Gabe der Sprache geschaffen worden, so dass sie ihre Sprache von anderen gelernt haben. Oder lassen Sie *alle* zunächst in dieser misslichen Lage gewesen sein, und einige haben früher als andere eine Sprache entwickelt – eine Sprache, die schließlich auf alle ausgeweitet wurde. Es ist nicht einfach, auf ein solches Argument eine Antwort zu geben.

Die Vielfalt der Protoplasten ist dem Zoologen und dem menschlichen Naturforscher gemeinsam, obwohl die Phänomene der Sprache und der Gesellschaft letzteren den größeren Anteil verleihen. Gleiches gilt für die *Entwicklungslehre* . Die grundlegende Verwandtschaft, die alle Formen der menschlichen Sprache verbindet, gilt gegen den Transzendentalisten nur dann, wenn er annimmt, dass jedes Original einer Menschenart als solches mit seiner eigenen Sprache erschien. Lassen wir zu, dass dies ursprünglich dumm war und nur die Fähigkeit hatte, die Sprache von anderen zu lernen, und alle Argumente zugunsten der Einheit der Arten, die aus der Ähnlichkeit der Sprache abgeleitet wurden, zu Boden fielen.

Die achte Lehre ist kaum mehr als eine Übertreibung der siebten. Die siebte wird jetzt nicht beachtet, einfach weil die Tatsachen, die sie behauptet und leugnet, das gesamte Studium der Ethnologie durchdringen und an jedem Punkt unserer Untersuchungen auftauchen und wieder auftauchen.

Alle bekannten *Varietäten können einer einzigen Art zugeordnet werden; aber es kann auch andere, unbeschriebene Arten geben* . — Was sind die Gründe für diese Annahme? Unter der Annahme, dass Dilbo ein Sklave war, von dem Dr. Beke bestimmte Informationen über die Länder südwestlich von Abessinien sammelte, füge ich den folgenden Auszug bei:

„Die Länder westlich und südwestlich von Kaffa sind laut Dilbo , Damboro , Bonga, Koolloo , Kootcha , Soofa , Tooffte und Doko ; Im Osten und Südosten liegen die Ebenen von Woratto , Walamo und Talda .

„Das Land Doko ist eine Monatsreise von Kaffa entfernt ; und es scheint, dass nur diejenigen Kaufleute, die Sklavenhändler sind, weiter als Kaffa gehen . Die häufigste Route passiert Kaffa in südwestlicher Richtung und führt nach Damboro , anschließend nach Kootcha , Koolloo und dann am Fluss Erow vorbei nach Tooffte , wo in Doko mit der Sklavenjagd begonnen wird wie es mir gesagt wurde, und der Leser kann sich diesbezüglich sein eigenes Urteil bilden.

„ Dilbo beginnt mit der Aussage, dass die Menschen in Doko , sowohl Männer als auch Frauen, nicht größer sein sollen als Jungen im Alter von neun oder zehn Jahren. Sie überschreiten diese Höhe nie, auch nicht im fortgeschrittensten Alter. Sie gehen ganz nackt; Ihre Hauptnahrung sind Ameisen, Schlangen, Mäuse und andere Dinge, die normalerweise nicht als Nahrung verwendet werden. Sie sollen Ameisen und Schlangen so geschickt ausfindig gemacht haben, dass Dilbo nicht umhin konnte, sie dafür sehr zu loben. Sie lieben dieses Essen so sehr, dass sie, selbst wenn sie in Enarea und Kaffa bessere Nahrungsmittel kennengelernt haben , dennoch häufig dafür bestraft werden, dass sie ihrer Neigung folgen und auf der Suche nach Ameisen und Schlangen graben, sobald sie außer Sichtweite sind ihre Meister. Als Schmuck tragen sie Schlangenhäute um den Hals. Sie klettern auch mit großem Geschick auf Bäume, um die Früchte herunterzuholen. und dabei strecken sie ihre Hände nach unten und ihre Beine nach oben. Sie leben in ausgedehnten Wäldern aus Bambus und anderen Hölzern, die so dicht sind, dass es für den Sklavenjäger sehr schwierig ist, ihnen in diesen Rückzugsorten zu folgen. Diese Jäger entdecken manchmal eine große Anzahl Dokos, die auf den Bäumen sitzen, und zeigen ihnen dann leuchtende Dinge, durch die sie zum Abstieg verleitet werden, wenn sie ohne Schwierigkeiten gefangen werden. Sobald ein Doko anfängt zu weinen , wird er getötet, aus der Befürchtung, dass dies als Zeichen der Gefahr dazu führen wird, dass die anderen davonlaufen. Sogar die Frauen klettern auf die Bäume, wo in wenigen Minuten eine große Anzahl von ihnen gefangen genommen und in die Sklaverei verkauft werden kann.

„Die Dokos zusammenleben ; Männer und Frauen vereinen und trennen sich nach Belieben; und dies betrachtet Dilbo als den Grund, warum der Stamm nicht ausgerottet wurde, obwohl häufig ein einzelner Sklavenhändler mit tausenden von ihnen in die Sklaverei heimkehrt. Die Mutter säugt das Kind nur so lange, wie sie keine Ameisen und Schlangen als Nahrung für das Kind findet. Sobald es sich selbst die Nahrung besorgen kann, gibt sie es im Stich. Unter den Dokos gibt es weder Rang noch Ordnung . Niemand befiehlt, niemand gehorcht, niemand verteidigt das Land, niemand kümmert sich um das Wohl der Nation. Sie versuchen sich nur durch Flucht zu schützen. Sie sind so schnell wie Affen; und sie sind sich des Elends sehr bewusst, das ihnen die Sklavenjäger bereiten, die so oft ihre Wälder umzingeln und sie von dort wie Tiere in die offenen Ebenen treiben. Sie legen ihre Köpfe auf den Boden, strecken ihre Beine nach oben und rufen mitleiderregend: „ Yer ! " Ja !' So rufen sie das Höchste Wesen an, von dem sie eine gewisse Vorstellung haben, und sollen ausrufen: „Wenn es dich gibt, warum lässt du uns dann sterben, die wir nicht um Nahrung oder Kleidung bitten und die von Schlangen leben?" Ameisen und Mäuse?' Dilbo erklärte, dass es keine Seltenheit sei, fünf oder sechs Dokos in einer solchen Lage und Geisteshaltung anzutreffen . Manchmal streiten diese Leute untereinander, wenn sie die Früchte der Bäume essen; dann wirft der Stärkere den Schwächeren zu Boden, und dieser wird so häufig auf elende Weise getötet.

„In ihrem Land regnet es unaufhörlich; Zumindest von Mai bis Januar, und auch später hört der Regen nicht ganz auf. Das Klima ist nicht kalt, aber sehr feucht. Auf dem Weg von Kaffa nach Doko muss der Reisende ein Hochland überqueren und mehrere Flüsse überqueren, die in den Gochob münden .

„Die Sprache der Dokos ist eine Art Gemurmel, das nur sie selbst und ihre Jäger verstehen. Die Dokos beweisen viel Sinn und Geschick bei der Verwaltung der Angelegenheiten ihrer Herren, denen sie bald sehr zugetan sind; und sie sind so wertvoll, dass kein Eingeborener von Kaffa jemals eines davon verkauft, um es außer Landes zu schicken. Wie Kapitän Clapperton über die Sklaven von Nyffie sagt : „Die Sklaven dieses Volkes selbst sind sehr gefragt, und wenn sie einmal erworben wurden, werden sie nie wieder außer Landes verkauft." Die Bewohner von Enarea und Kaffa verkaufen nur die

Sklaven, die sie in ihren Grenzkriegen mit den umliegenden Stämmen erbeutet haben, niemals jedoch einen Doko . Auch der Doko ist einem Verkauf abgeneigt; Er zieht den Tod vor, anstatt sich von seinem Herrn zu trennen, an den er sich angeschlossen hat.

„Der Zugang zum Land Doko ist sehr schwierig, da die Bewohner von Damboro , Koolloo und Tooffte Feinde der Händler aus Kaffa sind , obwohl diese Stämme von Kaffa abhängig sind und seinen Herrschern Tribut zahlen; denn diese Stämme wollen das ausschließliche Privileg, die Dokos zu jagen und mit den so erlangten Sklaven zu handeln, nur für sich behalten.

„ Dilbo wusste nicht, ob die Stämme, die südlich und westlich der Dokos leben , diese unglückliche Nation auf die gleiche grausame Weise verfolgen.

„Dies ist Dilbos Bericht über die Dokos , ein Volk von Zwergen, deren menschliche Natur so erniedrigt ist, dass es schwierig ist, seinem Bericht implizit Glauben zu schenken. Die Vorstellung einer Nation von Zwergen im Inneren Afrikas ist sehr alt, da Herodot in II von ihnen spricht. 32.“

können diejenigen, die überhaupt an die Dokos glauben , durchaus davon ausgehen, dass sie eine neue Spezies darstellen.

Andere unvollständig bekannte Populationen könnten in einer ähnlichen Sichtweise vertreten werden.

Alle existierenden *Sorten können einer einzigen Art zugeordnet werden; aber bestimmte Arten existieren möglicherweise nicht mehr*. — Der Glaube daran ist groß. Wir sehen in bestimmten Ländern, die derzeit barbarische Überreste einer früheren Zivilisation sind, Werke, wie zum Beispiel in Mexiko und Peru, von denen die bestehenden Bewohner zugeben, dass sie außerhalb ihrer Kräfte liegen. Sei es so. Ist die Annahme einer anderen Art mit höher entwickelten architektonischen Neigungen legitim? Der Leser wird diese Frage auf seine Weise beantworten. Ich kann nur sagen, dass solche Annahmen getroffen wurden.

Auch hier sind in antiken Gräbern Skelette zu sehen, die sich von den lebenden Individuen des Landes unterscheiden. Ist eine ähnliche Annahme hier gerechtfertigt? Es wurde gemacht.

Die bemerkenswertesten Phänomene dieser Art finden sich in der Geschichte der Peruaner.

Die Teile rund um den Titicacasee bilden das heutige Land der Aymaras , deren Köpfe denen der anderen Amerikaner sehr ähnlich sind, deren Geschmack für Architektur nur gering ist und deren Wissen darüber, von einem Volk abstammen zu können, das architektonischer ist als sie selbst, nicht vorhanden ist.

Dennoch gibt es in ihrem Bezirk riesige Ruinen; während die Köpfe derer, deren Überreste darin erhalten sind, Schädel mit verödeten Nähten und bemerkenswerten Vertiefungen an der Stirn, Seite und am Hinterkopf aufweisen.

Bedeutet dies eine ausgestorbene Art? Im Einzelfall denke ich, dass dies nicht der Fall ist. denn ich weiß, dass bestimmte Gewohnheiten einzeln und bei vielen anderen zurückgehen, und ich glaube auch, dass die Abflachungen des Kopfes *künstlich sind* . Wenn ich jedoch die Dauerhaftigkeit von Gewohnheiten auch nur ein klein wenig übertreibe, wenn ich eine Gewohnheit mit einem Instinkt gleichsetze oder wenn ich die Schädel als *natürlich* ansehe, ist die Wahrscheinlichkeit groß, dass ich die Überreste eines alten *Stammes* erkenne – möglicherweise einer alten *Spezies* – ohne Kongenere und ohne Nachkommen.

Das Alter der menschlichen Spezies. – Unsere Ansichten zu diesem Punkt hängen von unseren Ansichten über seine Einheit oder Nicht-Einheit ab; So sehr, dass die Frage der Antike undurchführbar ist, wenn wir nicht das eine oder das andere annehmen. Und es muss auch hinzugefügt werden, dass die Einheitslehre die Form der Abstammung von einem einzigen Paar annehmen muss, sofern die Untersuchung nicht übermäßig kompliziert werden soll.

Unter dieser Annahme nehmen wir die extremsten Beispiele von Unterschieden, sei es in der physischen Konformation oder in mentalen Phänomenen – von den letzten letzteren ist die Sprache am bequemsten. Danach erfragen wir die erforderliche Zeit, um die vorgenommenen Änderungen herbeizuführen. die Antwort hierauf beruht auf der in der historischen Periode gelieferten Induktion; eine Antwort, die die Anwendung dessen erfordert, was bereits als *ethnologische Dynamik bezeichnet wurde* .

Andererseits können wir ein gewisses Maß an ursprünglicher Differenz annehmen und die Zeit untersuchen, die erforderlich ist, um das bestehende Maß an Ähnlichkeit zu bewirken.

Die erste dieser Methoden erfordert einen langen, die zweite eine kurze Zeit; Tatsächlich impliziert die Abstammung von einem einzelnen Paar eher ein *geologisches* als ein *historisches* Datum.

Darüber hinaus benötigt die Ethnologie dieselbe Gleichmäßigkeit in der durchschnittlichen Änderungsrate, die der Geologe benötigt.

Der geografische Ursprung des Menschen. – Angenommen, alle Arten des Menschen seien aus einem einzigen Protoplastenpaar entstanden, in welchem Teil der Welt befand sich dann dieses einzelne Protoplastenpaar? Oder, wenn man annimmt, dass solche Protoplastenpaare zahlreich gewesen wären, wo waren die jeweiligen ursprünglichen Standorte der einzelnen

Paare? Ich stelle diese Fragen, ohne darauf eine Antwort zu geben oder eine Methode aufzuzeigen, wie man sie herausfinden kann. Von den drei großen Problemen ist es dasjenige, das am wenigsten Beachtung gefunden hat und über das es am wenigsten entschiedene Meinungen gibt. Die konventionelle, provisorische oder hypothetische Wiege der menschlichen Spezies ist natürlich der zentralste Punkt der bewohnten Welt; insofern wir dadurch die größte Verteilung bei geringster Migration erreichen; aber natürlich ist ein solches Zentrum völlig unhistorisch.

Rasse – Was bedeutet dieses Wort?

Bedeutet das *Abwechslung* ? Wenn ja, warum sagen Sie dann nicht gleich *Abwechslung* ?

Bedeutet es *Arten* ? Wenn ja , ist einer der beiden Sätze überflüssig.

In einfacher Wahrheit bedeutet es je nach Fall entweder oder keines von beiden; und je nach Ansicht des Autors, der es verwendet, praktisch oder überflüssig.

Wenn er glaubt , dass Gruppen und Klassen wie die Neger, die Hottentotten, die Amerikaner, die Australier oder die Mongolen sich voneinander unterscheiden, so wie sich der Hund vom Fuchs unterscheidet, spricht er von *Arten* . Er hat sich entschieden.

Aber vielleicht tut er so etwas nicht. Sein Entschluss ist umgekehrt. Mitglieder solcher Klassen können für Europäer und füreinander genau das sein, was der Hund für den Mops, der Zeiger für den Beagle usw. ist. Es kann sich um *Varietäten handeln* .

Er verwendet also die Begriffe entsprechend; aber dazu musste er sich entschieden haben; und bestimmte Klassen müssen entweder das eine oder das andere darstellen.

Aber was wäre, wenn er dies nicht getan hätte ? Wenn er, anstatt unzweifelhafte Tatsachen zu lehren, lediglich zweifelhafte Tatsachen untersucht? In diesem Fall ist der Begriff „*Rasse*“ passend. Dies ist für ihn während der Verfolgung einer Meinung und während der daraus resultierenden Aussetzung seiner Meinung praktisch.

Rasse ist also der Begriff, der je nach Fall eine *Art oder Sorte bezeichnet* – *pendente lite* . Es ist ein Begriff, der, wenn er unsere Unwissenheit verbirgt, unsere Offenheit für Überzeugungen verkündet.

Von den *künftigen* Ansichten der Menschheit wurde eine berücksichtigt. Aber es gibt andere, die mindestens genauso wichtig sind. Zwei von vielen können als Beispiele dienen.

1. Die erste wird durch die folgende Tabelle nahegelegt; entnommen aus einem ausführlicheren Buch in Mr. D. Wilsons wertvollem Buch „Archæology and Prehistoric Annals of Scotland“. Es zeigt die relativen Proportionen einer Reihe von Schädeln aus *sehr großem Alter* und denen einer Reihe aus *mittlerer* Antike.

Die Untersuchung dieser Frage – und sie muss sorgfältig untersucht werden – gibt Anlass zu der Annahme, dass die Kapazität eines Schädels zunehmen kann, wenn sich die sozialen Bedingungen verbessern; woraus folgt, dass sich die physische Organisation der weniger begünstigten Bestände fortschreitend entwickeln kann – und, *pari passu* , die damit zusammenfallende geistige Kraft. Dies verdeutlicht die Natur einer bestimmten ethnologischen Frage. Was aber, wenn die beiden Schädelklassen unterschiedlichen Beständen angehören; so dass die Besitzer des einen waren *nicht* die Vorfahren der Besitzer des anderen? Eine solche Ansicht (und sie ist nicht unvernünftig) verdeutlicht, wie kompliziert sie ist.

[Anmerkung des Übersetzers: Die Maße in der Tabelle sind in Zoll und Zwölfteln angegeben.]

	Längsd urchm esser .	Parietal durchm esser .	Frontal durchm esser .	Vertik aler - Durch messer .	Intermas toidboge n . _	Intermas toidboge n von der oberen Wurzel des - Jochbein fortsatze s .	Interma stoidlini en . _	Das Gleich e gilt für die obere Wurze l des Zygo maticu s .	Hinterhau ptfrontalb ogen .	Das Gleiche gilt vom Hinterhau ptsvorspr ung bis zur Nasenwur zel.	Hori zont ale - Peri pher ie.	Relati ve Kapa zität.
Sehr alt.												
1.	7·0	5·4½?	4·9?	4·10	13·11	11·5	3·6½	4·8 ½	13·9	12·0	20· 4	32· 2
2.	7·0	4·8	4·4	5·3	13·2	11·0	4·1	4·10	14·0	11·11	19· 6	31· 9
3.	6·11	5·3	3·11	5·0	...	12·0	...	4·8 ½	14·4	11·4	19· 0	30· 11
4.	7·0	4·11	4·4	5·3	13·8	11·4½	4·1	4·10	13·10	11·3	16· 7½	28· 10 ½
5.	6·6	4·1?	4·11	4·2?	13·2	11·3	...	4·8?	13·11	12·0	19· 0	29· 6
6.	7·3	5·4	4·6	5·2	14·3	11·9	4·4	5·0 ½	14·8	12·3	20· 8½	33· 1½
7.	7·5	5·2	4·5	5·2	14·3	12·0	3·7	4·10 ½	14·3	12·3	20· 7½	33· 2½

	Längsd urchm esser .	Parietal durchm esser .	Frontal durchm esser .	Vertik aler - Durch messer .	Intermas toidboge n . _	Intermas toidboge n von der oberen Wurzel des - Jochbein fortsatze s .	Interma stoidlini en . _	Das Gleich e gilt für die obere Wurze l des Zygo maticu s .	Hinterhau ptfrontalb ogen .	Das Gleiche gilt vom Hinterhau ptsvorspr ung bis zur Nasenwur zel.	Hori zont ale - Peri pher ie.	Relati ve Kapa zität.
8.	7·9	5·6	4·9	...	...	12·3	...	5·6	15·6	...	21·3	...
9.	7·3	5·8	4·3½	4·9	14·0	11·9	3·8½	5·0	14·2	11·9	20·7	32·7

Mäßig alt.

	Längsd urchm esser .	Parietal durchm esser .	Frontal durchm esser .	Vertik aler - Durch messer	Intermas toidboge n . _	Intermas toidboge n von der oberen Wurzel des - Jochbein fortsatze s .	Interma stoidlini en . _	Das Gleich e gilt für die obere Wurze l des Zygo maticu s .	Hinterhau ptfrontalb ogen .	Das Gleiche gilt vom Hinterhau ptsvorspr ung bis zur Nasenwur zel.	Hori zont ale - Peri pher ie.	Relati ve Kapa zität.
17.	7·9	5·0	4·10	5·6	14·9	11·11	4·0	5·4	15·5	13·6	21·3	34·6
18.	7·6	5·1	4·6	5·1	14·8	11·3	3·11	5·3	14·6	12·11	20·4	32·11 ½
19.	7·3	5·3	4·5	5·4½	14·5	12·4	3·11½	4·9	14·9	12·9	20·10	33·5½
20.	7·5	5·6½	5·0½	5·6	14·11 ½	12·3	4·0	...	14·9	12·6	20·10	33·9
21.	7·3	5·6½	4·4	5·6	14·8	12·0	4·1	5·3	14·5	12·10	20·2	32·11
22.	7·2	5·7	4·5	5·6	14·9	11·10	4·3	5·6	14·4	12·6	20·0	32·8
23.	7·3½	5·7	4·6	5·2	15·0?	12·4?	...	...	14·8	12·6½	19·10 ½	32·4
24.	7·2	5·5	4·6	...	...	...	...	...	...	12·10	20·7	...
25.	7·8	5·6	4·3½	5·3	14·4	11·8	4·7	5·6	14·6	12·7	20·11	33·10
26.	7·9	5·7	5·3	5·6	15·7	13·3	4·0½	5·4	16·4	14·4	21·11	35·2
27.	7·11	5·5	4·9	...	...	12·0	...	5·1	15·5	13·9	21·6	...

2. Der zweite Teil soll wie der erste auszugsweise erläutert werden :

A. Frau ——, eine Nachbarin von Herrn M'Combie , war zweimal verheiratet und hatte Nachkommen beider Ehemänner. Die Kinder aus der ersten Ehe waren fünf; bei der Sekunde drei. Eine dieser drei, eine Tochter, hat eine unverkennbare Ähnlichkeit mit dem ersten Ehemann ihrer Mutter. Was die Ähnlichkeit noch deutlicher macht, ist, dass zwischen den beiden Ehemännern der deutlichste Unterschied in ihren Gesichtszügen und im allgemeinen Erscheinungsbild bestand.

B. Eine junge Frau, die in Edinburgh lebt und von weißen (schottischen) Eltern geboren wurde, deren Mutter jedoch einige Zeit vor ihrer Heirat ein leibliches (Mulatten-)Kind von einem Negerdiener in Edinburgh bekam, weist deutliche Spuren des Negers auf. Dr. Simpson, dessen Patient die junge Frau einst war, hatte in letzter Zeit keine Gelegenheit, sich darüber zu vergewissern, inwieweit der Negercharakter in ihren Gesichtszügen vorherrscht; aber er erinnert sich, dass ihm die Ähnlichkeit aufgefallen war, und bemerkte insbesondere, dass das Haar die für den Neger charakteristischen Eigenschaften hatte.

C. Frau ——, die offenbar völlig frei von Skrofulose war, heiratete einen Mann, der an Schwindsucht starb; sie hatte ein Kind von ihm, das ebenfalls an Schwindsucht starb. Als nächstes heiratete sie eine Person, die allem Anschein nach genauso gesund war wie sie selbst, und hatte mit ihm zwei Kinder, von denen eines an Schwindsucht starb, das andere an einer tuberkulösen Mesenterialerkrankung, wobei sie gleichzeitig an einer skrofulösen Ulzeration der unteren Extremität litt.

Hier gibt es Elemente einer Theorie; vor allem, wenn sie mit bestimmten Phänomenen einhergehen , die den Züchtern von Rennpferden wohlbekannt sind – die Theorie besagt, dass die Mischung der *charakteristischen Merkmale* verschiedener Abteilungen der Menschheit größer sein könnte als die Vermischung selbst. Ich gebe keine Meinung zu den *Daten ab* . Ich illustriere lediglich eine ethnologische Frage – eine von vielen.

FUSSNOTEN

[3] Vom griechischen Wort (ἦθος) *ethos* = *Charakter* .

[4] Von Comte *Sociology* genannt , ein Name, der halb lateinisch und halb griechisch ist und daher zu barbarisch ist, um verwendet zu werden, wenn seine Verwendung vermieden werden kann.

[5] Knox, Races of Men, S. 73, 74.

[6] Zur Osteologie des Großen Schimpansen. Von Professor Owen, in den Philosophical Transactions.

[7] Owen, Philosophical Transactions, 22. Februar 1848.

[8] Aus *protos* = *zuerst* und *plastos* = *gebildet* .

[9] Von griechisch *telos* = *ein Ende* .

KAPITEL III.

Methoden – die Wissenschaft der Beobachtung und Deduktion statt des Experiments – Klassifikation – nach mineralogischen, zoologischen Prinzipien – die erste für die Anthropologie, die zweite für die Ethnologie – Wert der Sprache als Test – Beispiele für ihren Verlust – für ihre Beibehaltung – wenn sie beweist die ursprüngliche Beziehung, wenn Verkehr – die grammatikalischen und glossarischen Tests – Klassifikationen *real sein* müssen – die Verteilung des Menschen – Größe des Gebiets – ethnologische Kontraste in engem geografischen Kontakt – Diskontinuität und Isolation von Gebieten – ozeanische Wanderungen.

IN der Naturgeschichte des Menschen müssen wir uns fast ausschließlich auf die Methoden der Schlussfolgerung und Beobachtung beschränken; und in der Beobachtung sind wir nur auf eine Art beschränkt, *d . e.* diese einfache und spontane Art, bei der das Objekt zwar gefunden, aber nicht künstlich hergestellt werden kann. Mit anderen Worten: Es gibt keinen großen Raum für *Experimente* . Der *Korpus* ist für diesen Zweck nicht *abscheulich genug.* Darüber hinaus gilt: „Selbst wenn wir eine unbegrenzte Macht zur Variation des Experiments annehmen (was abstrakt möglich ist), obwohl niemand außer einem orientalischen Despot die Macht hat oder, wenn er sie hätte, bereit wäre, sie auszuüben, ist eine noch wesentlichere Bedingung." wollen – die Fähigkeit, jedes der Experimente mit wissenschaftlicher Genauigkeit durchzuführen [10] ." Experimente sind in der Ethnologie und Anthropologie fast ebenso fehl am Platz wie in der Astronomie.

Psammetichus tat zwar laut Herodot Folgendes. Er nahm die Kinder eines armen Mannes, übertrug sie einem Hirten, dem es verboten war, in ihrer Gegenwart zu sprechen, säugte sie in einer einsamen Hütte bei einer Ziege, wartete auf das Alter, in dem Jungen anfangen zu reden, und dann notierte das erste Wort, das sie aussprachen. Dies war *Bekos* , und als sich herausstellte, dass es in der phrygischen Sprache *„Brot" bedeutet* , überließen die Ägypter diesem Rivalen die Palme der Antike.

Nun, das war ein ethnologisches Experiment; aber dann Psammetichus *war* ein orientalischer Despot; und die Instanz selbst ist wahrscheinlich die einzige ihrer Klasse – die einzige, oder fast so – die einzige, die ein wahres Experiment ist; denn um so zu sein, muss ein bestimmtes und spezifisches Ziel oder Ziel im Auge behalten werden.

Wir kennen die Tradition von Newton und dem Apfel. Sollte dies wahr sein, handelte es sich nicht um ein Experiment, sondern um eine Beobachtung. Um ersteres zu erreichen, hätte der Baum geschüttelt werden müssen, um zu sehen, wie die Früchte herabsinken. Dann hätte es einen Zweck und ein Ziel gegeben – sozusagen einen Vorwand der Bosheit.

Daher sind die Phänomene des afrikanischen Sklavenhandels, der englischen Auswanderung und anderer ähnlicher Beobachtungselemente keine Experimente; denn weder der Sklavenhändler noch der Siedler haben je über die Wissenschaft nachgedacht. Zucker oder Baumwolle, Land oder Geld, das ging ihnen durch den Kopf.

Die empörende Operation, mit der der eifersüchtige Orientale versucht, die Integrität seines Harems zu sichern, ist letzten Endes eine wissenschaftliche Tatsache. Es zeigt, wie sehr das gesamte System mit der Verstümmelung eines seiner Teile sympathisiert . Aber es steht der Wissenschaft nichts zu , zu applaudieren oder nachzuahmen. Der sinnliche Italiener wiederholt es, um für gute Stimmen auf dem Musikmarkt zu sorgen; und die Wissenschaft ist über ihre Wiederholung angewidert. Selbst wenn es in ihrem eigenen Namen und zu ihren eigenen Zwecken geschehen würde, wäre es immer noch eine unmenschliche und unerträgliche Form der Zootomie.

Dennoch soll der Handel mit Afrikanern und die Auswanderung von Engländern den Charakter eines wissenschaftlichen Experiments haben, auch wenn es keins ist. Sie sollen als solche dienen. Das tun sie; allerdings nicht in der Art und Weise, wie sie oft interpretiert werden. Ein europäisches Regiment wird durch die Stationierung in Gambia oder Sierra Leone dezimiert. Der amerikanische Angelsachse soll die Frische des europäischen verloren haben – er sei braun geworden und drahtig in der Muskulatur. Vielleicht hat er das. Doch was beweist das? Lediglich die Auswirkung *plötzlicher* Veränderungen; die Ergebnisse einer *Ferntransplantation* ; der unvollkommene Charakter jener Formen der Akklimatisierung, die nicht *schrittweise erfolgen* . Auf diese Weise war die Welt ursprünglich nicht bevölkert. Neue Klimazonen wurden nach und nach, Schritt für Schritt, durch Vergrößerung und Ausweitung des Umfangs einer zuvor akklimatisierten Familie erschlossen. Daher ist die Erfahrung dieser Art, so wertvoll sie für die medizinische Polizei auch ist, in einer Theorie über die Migrationen der Menschheit vergleichsweise wertlos. Bringen Sie einen Mann aus dem Kaukasus an die Goldküste, und er stirbt entweder oder bekommt Fieber. Aber würde er das tun, wenn sein vorheriger Aufenthalt in Gambia gewesen wäre, der seines Großvaters im Senegal, der seines Vorfahren im zehnten Grad am Nil und der Vorfahre dieses Vorfahren am Jordan gewesen wäre – also zurückgegangen wäre, bis wir den ersten entfernten Patriarchen erreicht hätten? die Migration auf der Phasis? Dies ist ein Experiment, das keine einzige Generation durchführen oder beobachten kann; Doch weniger als dies ist überhaupt kein Experiment, keine Nachahmung jenes besonderen Vorgangs der Natur, den wir so neugierig untersuchen möchten.

Für die Ethnologie gilt das Folgende. Das erste Ergebnis, das wir aus unseren Beobachtungen erhalten, ist eine *Klassifizierung* , *d . e.* Gruppen von Individuen, Familien, Stämmen, Nationen, Unterarten, Varietäten und (nach einigen Angaben) Arten, die durch eine gemeinsame Verbindung verbunden und durch ein gemeinsames Prinzip vereint sind. An Gruppen dieser Art mangelt es nicht; und viele von ihnen sind so natürlich, dass sie nicht verbessert werden können. Dennoch ist die Nomenklatur für ihre verschiedenen Unterteilungen unbestimmt, die Werte vieler von ihnen ungewiss und vor allem ist das Prinzip, auf dem sie basieren, keineswegs einheitlich. Während einige Forscher die Menschheit nach *zoologischen Prinzipien klassifizieren* , tun andere dies nach sogenannten *mineralogischen* Prinzipien. Dieser Unterschied wird einigermaßen ausführlich erläutert.

In Afrika ist bekanntlich ein großer Teil der Bevölkerung schwarzhäutig; und mit dieser schwarzen Haut sind im Allgemeinen andere körperliche Merkmale verbunden. Daher ist das Haar entweder kraus oder wollig, die Nase eingedrückt und die Lippen dick. Je näher wir Asien kommen, desto geringer werden diese Kriterien. Der Araber ist schöner, hat bessere Gesichtszüge und glatteres Haar als der Nubier, und der Perser ist schöner als der Araber. In Hindustan wird die Farbe jedoch intensiver; und wenn wir uns die feuchtesten und alluvialsten Teile der südlichen Halbinsel ansehen, finden wir eine Haut, die so dunkel ist wie die Afrikas, und eher krauses als glattes Haar. Darüber hinaus werden die feinen ovalen Konturen und regelmäßigen Gesichtszüge der hochgestellten Hindus des Nordens seltener, während die Lippen dick, die Haut rau und die Gesichtszüge grob werden .

Weiter unten kommen wir auf die große Halbinsel, die die Königreiche Ava und Siam umfasst – die indochinesische oder transgangetische Halbinsel. In vielen Teilen davon wird die Bevölkerung wieder schwarz; und auf der langen, schmalen Halbinsel Malakka wurde ein *großer Teil der älteren Bevölkerung als Schwarze* beschrieben . Auf den Inseln finden wir sie wieder; so sehr, dass die spanischen Behörden sie *Negritos* oder *kleine Neger nennen* . In Neuguinea ist alles schwarz; und in Australien und im Van-Diemen-Land ist es noch schwärzer. In Australien ist das Haar im Allgemeinen glatt; aber in den erst- und letztgenannten Ländern ist es kraus, knusprig oder lockig. Dies verbindet sie mit den Negern Afrikas; und ihre Farbe tut dies noch mehr. Auf jeden Fall sprechen wir von den australischen *Schwarzen* , genauso wie die Spanier von den philippinischen *Negritos* . Moralische Merkmale verbinden den Australier und den Neger in ähnlicher Weise wie die physischen. Beiden fehlt es im Vergleich zum europäischen entweder wirklich an intellektuellen Fähigkeiten oder sie haben (zumindest) eine unwichtige Rolle in der Weltgeschichte gespielt. So wurden mehrere Bevölkerungsgruppen zur Klasse der *Schwarzen gezählt* . Ist diese Klassifizierung natürlich?

Es soll weiter verdeutlicht werden. An den Enden aller Weltgegenden finden wir Populationen, die einander in vielerlei Hinsicht ähneln. In Nordasien und Europa zeichnen sich die Eskimos, Samoeiden und Lappländer, die die Kälte des Polarkreises vertragen, alle durch ein flaches Gesicht, eine niedrige Statur und einen breiten Kopf aus. In einigen Fällen ist der Kontrast zwischen ihnen und ihren nächsten Nachbarn im Süden in dieser Hinsicht bemerkenswert. Der Norweger, der mit dem Lap in Kontakt kommt, ist stark und gut gemacht; Das Gleiche gilt für viele der Indianer, die den Eskimos gegenüberstehen.

Am Kap der Guten Hoffnung erscheint etwas Ähnliches. Der Hottentotte am südlichen Ende Afrikas ist klein, hat kleine Gliedmaßen und ein breites Gesicht; So sehr, dass die meisten Autoren bei ihrer Beschreibung gesagt haben, dass in seiner Konformation der mongolische Typus – zu dem der Eskimo gehört – der Asiat selbst – in Afrika wieder auftaucht. Und dann unterscheidet sich sein Nachbar , der Kaffre, von ihm, so wie der Finne vom Lap.

Mutatis mutandis taucht all dies am Kap Hoorn wieder auf; wo das Patagonische plötzlich zum Feuerland wechselt.

Aber wir in Europa sind bevorzugt ; Unsere Gliedmaßen sind wohlgeformt und unsere Haut hell. Sei es so: Dennoch gibt es Autoren, die sehen, in welchem Ausmaß auch die Inselbewohner des Pazifiks bevorzugt werden , und in welchem Ausmaß europäische Punkte in Bezug auf Farbe , Größe und Verbesserungsfähigkeit, ob real oder vermeintlich, wieder auftauchen Die Antipoden haben den Polynesier und den Engländer in ein und dieselbe Klasse geworfen.

Und so ist er vielleicht auch, wenn wir nach bestimmten Merkmalen urteilen: Wenn Übereinstimmung in bestimmten Angelegenheiten, in denen sich die Zwischenpopulationen unterscheiden, die Grundlage bildet, auf der wir unsere Gruppen bilden, bilden die Feuerländer, Eskimos und Hottentotten eine Klasse, und die Neger und Australier ein anderes. Aber sind diese Klassen natürlich? Das hängt von den Fragen ab, denen die Klassifizierung unterworfen ist. Wenn wir wissen möchten, inwieweit Feuchtigkeit und Kühle den Teint erfrischen; wie sehr es durch Feuchtigkeit und Hitze verdunkelt wird; Wie stark beeinflussen Berghöhen den menschlichen Körper? Mit anderen Worten: Inwieweit gemeinsame äußere Bedingungen gemeinsame Gewohnheiten und gemeinsame Strukturpunkte entwickeln , kann nichts besser sein als die betreffenden Gruppen.

Aber ändern Sie das Problem: Lassen Sie uns wissen, wie bestimmte Gebiete bevölkert waren, welche Bevölkerung andere hervorgebracht hat, wie die Amerikaner nach Amerika gelangten, von wo aus die Briten nach England kamen, oder welche Fragen im Zusammenhang mit den

Migrationen, Zugehörigkeiten und der Herkunft dieser Gebiete stehen Die Vielfalt unserer Arten und Gruppen dieser Art sind wertlos. Sie sagen uns etwas – aber nicht das, was wir wissen wollen: Insofern unsere Frage nun Blut, Abstammung, Stammbaum, Verwandtschaft betrifft. Einem Fragesteller, der eine Bevölkerungsgruppe von einer anderen ableiten möchte, zu sagen, dass bestimmte entfernte Stämme in bestimmten Punkten der Ähnlichkeit mit dem zur Diskussion stehenden übereinstimmen, ist jedoch genauso irrelevant, wie einem Anwalt zu sagen, der auf der Suche nach den nächsten Angehörigen eines verstorbenen Mandanten ist Wenn Sie keine Verwandten kennen, können Sie einen Mann finden, der genau das Bild von ihm selbst ist – eine Tatsache, die an sich gut genug ist, aber nicht den Zweck erfüllt; außer (natürlich), soweit die Ähnlichkeit selbst eine Beziehung nahelegt – was sie tun kann oder auch nicht.

Klassen, die unabhängig von der Abstammung gebildet werden, sind Klassen nach dem *mineralogischen Prinzip* , während Klassen, die im Hinblick darauf gebildet werden, Klassen nach dem *zoologischen* Prinzip sind. Was ist in der Naturgeschichte des Menschen gefragt? Das erste für *Anthropologie* ; die zweite für *Ethnologie* .

Aber warum der Antagonismus? Vielleicht stimmen die beiden Methoden überein. Die Möglichkeit hierfür wurde vorhergesehen. Die Familienähnlichkeit kann vielleicht einen familiären Zusammenhang beweisen . Richtig: Gleichzeitig muss jeder Fall anhand seiner eigenen Gründe geprüft werden. Ob daher die Afrikaner den Australiern zugerechnet werden sollen oder ob die beiden Klassen in der Ethnologie ebenso weit voneinander entfernt sind wie in der Geographie, hängt von den Ergebnissen der besonderen Untersuchung dieses besonderen Zusammenhangs ab – ob real oder vermeintlich . Es genügt zu sagen, dass keines der zitierten Beispiele einen solchen Zusammenhang aufweist; obwohl viele Theorien – ebenso fehlerhaft wie kühn – aufgestellt wurden, um dies zu erklären.

Für die Ethnologie ist also die Klassifizierung am meisten erwünscht – mehr als für die Anthropologie; ebenso wie wir für die Zoologie eher Ordnungen und Gattungen benötigen als für die Physiologie. Dies basiert auf bestimmten Unterscheidungsmerkmalen; Einige davon sind physischer, andere moralischer Art. Jeder zerfällt in Abteilungen. Es gibt moralische und intellektuelle Phänomene , die keine Beziehung beweisen, einfach weil sie die Auswirkungen eines gemeinsamen Grades der zivilisatorischen Entwicklung sind. Was wäre einfacher, als alle Jäger-, Fischfang- oder Hirtenstämme zusammenzufassen und von diesen alle auszuschließen, die Städte gebaut, Kühe gemolken, Mais gesät oder Land gepflügt haben? Gemeinsame Bedingungen bestimmen gemeinsame Gewohnheiten.

Auch hier verliert vieles, was auf den ersten Blick eindeutig, spezifisch und charakteristisch erscheint, seinen Wert als Test der ethnologischen Verwandtschaft, wenn wir die Familien untersuchen, in denen es vorkommt. In fernen Ländern und bei weit voneinander entfernten Stämmen nimmt der Aberglaube eine gemeinsame Form an, und Glaubensbekenntnisse, die unabhängig voneinander entstehen, sehen aus, als wären sie von einem gemeinsamen Ursprung abgeleitet. All dies macht es leicht, die Fakten in dem, was man die Naturgeschichte der Künste oder der Religion nennen könnte, zu sammeln, aber schwer zu würdigen; in vielen Fällen werden wir tatsächlich in die seltene und erhabene Atmosphäre der Metaphysik entführt. Was wäre, wenn unterschiedliche Arten der Architektur oder Skulptur oder Varianten in der Ausübung nützlicher Künste wie Weben und Schiffbau demselben Prinzip zugeschrieben würden, das ein Sperlingsnest vom Nest eines Falken oder das einer Honigbiene vom Nest einer Hornisse unterscheidet ? ? Was wäre, wenn es in der menschlichen Kunst unterschiedliche *Instinkte gäbe* , wie es bei der Nidifizierung von Vögeln der Fall ist? Was auch immer die Tatsache sein mag, es ist klar, dass eine solche Doktrin ihre Interpretation ändern muss. Der Schlüssel zu diesen Komplikationen – und sie bilden einen gordischen Knoten, der entwirrt und nicht durchtrennt werden muss – liegt in der vorsichtigen Induktion von dem, was wir wissen, zu dem, was wir nicht wissen; von den unbestrittenen Unterschieden, die innerhalb zweifellos verwandter Populationen bestehen, bis hin zu den größeren Unterschieden, die entfernter verbundene Gruppen unterscheiden.

Dies hat ausgereicht, um auf die Existenz bestimmter moralischer Charaktere hinzuweisen, die in Wirklichkeit überhaupt keine Charaktere sind – zumindest im Hinblick auf den Nachweis der Abstammung oder Zugehörigkeit; und dass physische Exemplare der gleichen Art gleichermaßen zahlreich sind, lässt sich aus dem bereits Geschriebenen ableiten.

Sprache als Untersuchungsinstrument einen so hohen Wert verleihen ; Denn obwohl sich zwei verschiedene Familien der Menschheit darin einig sind, dass sie Haut von derselben Farbe oder Haar von derselben Beschaffenheit haben, ohne dadurch in der Art und Weise der Verwandtschaft miteinander verbunden zu sein, ist es schwer vorstellbar, wie sie sich bei der Benennung einig sein könnten gleiche Objekte mit demselben Namen, ohne Herkunftsgemeinschaft oder ohne direkten oder indirekten Verkehr. Zugehörigkeit oder Verkehr – eines von beiden – weist diese Sprachgemeinschaft auf. Das eine unter Ausschluss des anderen zeigt es *nicht* . Wenn dies der Fall wäre, wäre es von größerem Wert, als es ist. Dennoch weist es auf eines der beiden hin; und es lohnt sich, nach beiden Tatsachen zu suchen.

Der Wert der Sprache wurde überbewertet; hauptsächlich natürlich von den Philologen. Und es wurde unterbewertet. Das haben die Anatomen und Archäologen und vor allem die Zoologen getan. Auch der Historiker hat es nicht genau zu würdigen gewusst, wenn seine Phänomene mit den direkten Aussagen von Autoritäten in Konflikt geraten; das Hauptinstrument seiner eigenen Kritik.

Es wird überbewertet, wenn wir die Sprachverwandtschaften zwischen zwei Bevölkerungsgruppen zum *absoluten* Beweis für eine Verbindung in der Art der Verwandtschaft machen. Es wird überbewertet, wenn wir davon sprechen , dass *Sprachen unveränderlich sind* und dass *Sprachen niemals aussterben* . Andererseits wird es unangemessen herabgesetzt, wenn ein oder zwei Zoll Unterschied in der Statur, ein Unterschied im Geschmack in den schönen Künsten, eine Veränderung im religiösen Glauben oder ein Missverhältnis im Einfluss auf die Angelegenheiten der Welt vorliegen als Zeichen der Unterscheidung zwischen zwei Stämmen errichtet, die ein und dieselbe Sprache sprechen und in anderen Angelegenheiten gleich sind. Nun sind Fehler jeder Art weit verbreitet.

Die Beständigkeit der Sprache als Ursprungszeichen muss wie alles andere der gleichen Art durch Induktion bestimmt werden; und dies zeigt uns, dass sowohl der Verlust als auch die Beibehaltung einer Muttersprache durch bemerkenswerte Beispiele veranschaulicht werden. Es sagt beides aus. In St. Domingo gibt es Neger, die Französisch sprechen; und dies ist ein bemerkenswertes Beispiel für die Übernahme einer Fremdsprache. Aber die Umstände waren eigenartig. *Eine* Zunge wurde nicht durch eine andere ersetzt; da keine Negersprache vorherrschte. In Wirklichkeit handelte es sich um eine *Mischung von Sprachen* – und das ist so gut wie keine Sprache. Als Französisch zur Sprache der Haytianer wurde , fehlte daher das übliche Hindernis einer zuvor existierenden gemeinsamen Muttersprache, die beharrlich und patriotisch beibehalten wurde. Es ersetzte eine unbestimmte und widersprüchliche Masse von Negerdialekten und nicht eine bestimmte Negersprache.

In den südlichen Teilen Mittelamerikas ist die Ethnologie unklar, insbesondere in den Republiken San Salvador, Nicaragua und Costa Rica. Doch wenn wir uns Colonel Galindos Bericht über sie zuwenden, finden wir die konkrete Aussage, dass es noch immer Ureinwohner gibt und dass ihre Sprache Spanisch *ist* ; kein indianischer Dialekt. Da sich ähnliche Behauptungen bezüglich des Aussterbens und Ersetzens von Originalsprachen häufig als falsch erwiesen haben, gehen wir davon aus, dass dies eine Übertreibung ist – obwohl ich keinen eindeutigen Grund habe, sie als eine solche zu betrachten. So übertrieben es auch sein mag, es zeigt dennoch die Richtung, in die sich die Dinge entwickeln; und zwar in Richtung der Vorherrschaft einer europäischen Sprache.

An den Grenzen Asiens und Europas gibt es die Nation, den Stamm oder die Familie der Baschkiren. Ihre heutige Sprache ist Türkisch. Es wird jedoch angenommen, dass es ursprünglich die Muttersprache der ungarischen Majiare war.

Auch hier ist das heutige Bulgarische dem Russischen verwandt. Ursprünglich war es ein türkischer Dialekt.

Karczag in Ungarn ein alter Mann namens Varro – denn ich möchte das Thema nur veranschaulichen, ohne es zu erschöpfen ; der letzte Mann in Europa, der auch nur ein paar Worte der Sprache seiner Nation beherrschte. Dennoch war und ist diese Nation großartig; nicht weniger eine als die der alten komanischen Türken, von denen einige im elften Jahrhundert in Europa einfielen, bis nach Ungarn vordrangen, sich dort als Eroberer niederließen und ihre Sprache bis zum Tod dieses Varro behielten. Der Rest der Nation blieb in Asien; und die gegenwärtigen Bewohner der Teile zwischen dem Kaspischen Meer und dem Aral sind ihre Nachkommen. Sprachen können dann verloren gehen; und eines kann durch ein anderes ersetzt werden.

Die alten Etrusker sind als eigenständige Nation ausgestorben, ebenso wie ihre Sprache, von der wir wissen, dass sie eigenartig war. Dennoch fließt das etruskische Blut noch immer in den Adern der Florentiner und anderer Italiener.

Andererseits ist die Hartnäckigkeit, mit der sich die Sprache den Versuchen, sie zu ersetzen, widersetzt, unüblich. Ohne nach Sibirien oder Amerika zu gehen, den großen *Lebensräumen* der zerbrochenen und fragmentierten Familien, finden wir vielleicht Beispiele, die viel näher an der Heimat liegen! Auf der Isle of Man gibt es noch immer die einheimischen Manks ; obwohl vorherrschende Nordmänner und vorherrschende Angelsachsen ihre großen absorbierenden Sprachen damit in Konflikt gebracht haben. Auf Malta sprechen die Arbeiter Arabisch – mit Italienisch, mit Englisch und mit einer Lingua Franca um sich herum.

In den westlichen Extremitäten der Pyrenäen wird weder Französisch noch Spanisch gesprochen; und wird seit Jahrhunderten – möglicherweise Jahrtausenden – gesprochen . Es war einst die Rede der südlichen Hälfte Frankreichs und ganz Spaniens. Das ist das Baskische der Biskaya.

Im Kontakt mit dem Türken auf der einen Seite und dem Griechischen und Slawischen auf der anderen Seite spricht der Albaner Albaniens immer noch seine Muttersprache Skipetar .

Ein vernünftiger Philologe macht die sprachliche Ähnlichkeit zu einem starken – sehr starken – Anscheinsbeweis zugunsten *einer* Abstammungsgemeinschaft .

Wann impliziert es dies und wann bezeichnet es lediglich kommerziellen oder sozialen Verkehr? Wir können die Phänomene von Sprachen messen und die Ergebnisse numerisch darstellen. Somit kann der *Prozentsatz* der Wörter, die zwei Sprachen gemeinsam haben, 1, 2, 3, 4–98, 99 oder eine beliebige dazwischen liegende Zahl betragen. Aber jetzt kommt die Anwendung einer Maxime. *Ponderanda non numeranda.* Wir fragen, welche *Art* von Wörtern zusammenfallen und *wie viele?* Wenn die Namen von Objekten wie *Feuer*, *Wasser*, *Sonne*, *Mond*, *Stern*, *Hand*, *Zahn*, *Zunge*, *Fuß* usw. Ich stimme zu, wir ziehen eine ganz andere Schlussfolgerung als die, die sich aus der Anwesenheit von Wörtern wie *Langeweile*, *Mode*, *Quadrille*, *Violine* usw. ergibt. Der gesunde Menschenverstand unterscheidet die Wörter, die wahrscheinlich aus einer Sprache in eine andere entlehnt werden, von denen, die beiden ursprünglich gemeinsam waren.

Es gibt eine bestimmte Anzahl französischer Wörter im Englischen, *z. e.* aus dem Französischen entlehnten Wörtern. Ich kenne weder den Prozentsatz noch die Zeit, die für ihre Einführung erforderlich ist. und da ich das Thema veranschauliche, anstatt nach konkreten Ergebnissen zu suchen, ist dies unwichtig. Verlängern Sie die Zeit und vervielfachen Sie die Wörter; Denken Sie daran, dass Ersteres auf unbestimmte Zeit durchgeführt werden kann. Oder erhöhen Sie stattdessen die Berührungspunkte zwischen den Sprachen. Was folgt? Schon bald fallen uns vertraute Illustrationen ein; einige klassisch und einige vulgär – vom Delphischen Schiff, das so oft repariert wurde, dass es nur eine mehrdeutige Identität bewahrte; des Highlander-Messers mit seinen zwei neuen Klingen und drei neuen Griffen; von Sir John Cutlers Seidenstrümpfen, die durch Stopfen zu Kammgarn verkommen sind. Wir stehen am Rande einer neuen Frage. Wir müssen dementsprechend langsam vorgehen.

In den englischen Wörtern call- *est*, call- *eth* (call- *s*) und called haben wir zwei Teile; Das erste ist die Wurzel selbst, das zweite ein Zeichen der *Person* oder *Zeitform*. Das Gleiche gilt für die Wörter „ Vater *-s* “, „ Sohn- *s* “ usw.; außer dass das *-s die Groß-* /Kleinschreibung angibt ; und dass es an einen Substantiv anstelle eines Verbs angehängt ist. Auch hier haben wir im *Weisen* das Zeichen eines Komparativs; im wahrsten *Sinne* des Wortes von höchstem Grad. All dies sind *Flexionen*. Wenn wir wollen, können wir sie *Flexionselemente nennen* ; und es ist bequem, dies zu tun; da wir dann Wörter analysieren und die verschiedenen Teile davon gegenüberstellen können: *e. G.* in *call-s ist* das *call-* radikal, das *-s* Flexion .

Nachdem wir uns mit dieser Unterscheidung vertraut gemacht haben, können wir nun ein Wort französischen oder deutschen Ursprungs verwenden – sagen wir *Mode* oder *Walzer*. Jeder ist natürlich fremd. Bei der Einführung ins Englische ist jedoch eine englische Flexion erforderlich. Deshalb sagen wir: *Wenn ich mich absurd kleide, ist die Mode schuld* ; außerdem tanze *ich einen Walzer*, ich *tanze einen Walzer*, *er tanzt* ein -es – und so weiter. In diesen besonderen Worten war der Flexionsteil also Englisch; selbst wenn das Radikale fremd war. Dies ist keine isolierte Tatsache. Im Gegenteil, es ist hinreichend verbreitet, um verallgemeinert zu werden, so dass dem *grammatikalischen* Teil der Sprache eine Beständigkeit zugeschrieben wird, die dem *Glossar* oder *Vokabular verweigert wurde*. Das eine verändert sich, das andere ist konstant; das eine ist unsterblich, das andere vergänglich; die eine Form, die andere Materie.

Nun ist es vorstellbar, dass die Glossar- und Grammatiktests voneinander abweichen. Dies wäre der Fall, wenn alle unsere englischen Verben französisch wären und dennoch ihre englischen Flexionen in *-ed*, *-s*, *-ing* usw. beibehalten würden. Sie wären es, wenn alle Verben wie *Mode* und alle Substantive wie *Quadrille wären*. Das ist ein Extremfall. Dennoch verdeutlicht es die Frage. Bestimmte hinduistische Sprachen sollen neun Zehntel der Vokabeln mit einer Sprache namens Sanskrit gemeinsam haben – aber *keine* ihrer Flexionen; Letzteres ist hauptsächlich Tamul. Was ist dann die Sprache selbst? Das ist eine Frage, die Philologen spaltet. Es verdeutlicht jedoch den Unterschied zwischen den beiden Tests – dem *Grammatik-* und dem *Glossartest*. Von diesen kann man mit Sicherheit sagen, dass Ersteres das Konstantere ist.

Doch die philologische Untersuchungsmethode erfordert Vorsicht. Über die Begriffe hinaus, die eine Sprache einer anderen entlehnt und die eher Verkehr als Verwandtschaft bezeichnen, gibt es zwei weitere Klassen von geringem oder keinem ethnologischen Wert.

- 1. *Zufälle können rein zufällig sein.* Die Wahrscheinlichkeit, dass dies der Fall ist, ist Teil der Doktrin des Zufalls. Der Mathematiker mag dies untersuchen: Der Philologe findet lediglich die *Daten*. Beides wurde nicht zufriedenstellend durchgeführt, obwohl es von Dr. T. Young versucht wurde.

- 2. *Zufälle können eine* organische Ursache haben *Verbindung*. Niemand würde sagen, dass, weil zwei Nationen denselben Vogel „*Kuckuck*" *nannten*, der Begriff entweder von der anderen oder von beiden aus einer gemeinsamen Quelle übernommen worden sei. Der wahre Grund wäre klar genug. Zwei Populationen gaben sich nach dem Prinzip der Nachahmung einen Namen und ahmten dasselbe Objekt nach. *Sohn* und *Bruder*, *Schwester* und *Tochter* – wenn diese Bedingungen übereinstimmen, ist die Wahrscheinlichkeit groß, dass eine philologische Verwandtschaft der Vereinbarung zugrunde liegt. Aber gilt das Gleiche auch für *Papa* und *Mama*, die im Englischen, in der Karibik und vielleicht in zwanzig anderen Sprachen identisch sind? Nein. Sie zeigen lediglich, dass Säuglinge verschiedener Länder mit den gleichen Lauten beginnen.

Dies sind die Fälle, in denen die Philologie Vorsicht erfordert – und jede Klasse ist zu großer Erweiterung fähig. Jetzt drängt sich eine andere Sache auf.

Um gültig zu sein, muss eine Klassifikation *real sein* ; nicht *nominell* oder *verbal* – keine bloße Buchmachervereinbarung. Familien müssen in einem bestimmten Verwandtschaftsgrad stehen. Auch dies wird zur Veranschaulichung dienen. Ein Mann wünscht sich eine Verwandte, der er sein Geld hinterlassen kann: Er ist ein Engländer, und mit „Verwandtschaft" ist nichts Entfernteres gemeint als ein Cousin *dritten Grades*. Es macht ihm nichts, wenn in Schottland eine Cousine *fünften Grades* anerkannt wird . Er hat die Beziehung, die er möchte, nicht gefunden; er hat lediglich festgestellt, dass dem Begriff mehr Spielraum eingeräumt wird. Wenige Versäumnisse haben mehr Schaden angerichtet als die Vernachlässigung dieser Unterscheidung. Vor zwanzig Jahren bildeten die Sprachen Sanskrit, Slawonisch , Griechisch-Latein und Gotik eine Klasse. Diese Klasse wurde Indogermanisch genannt. Seine westlichen Grenzen lagen in Deutschland; Es ist östlich in Hindustan . Die Kelten von Wales, Cornwall, der Bretagne, Irland, Schottland und der Isle of Man waren darin nicht enthalten. Es wurde auch keiner anderen Gruppe zugeordnet. Es war irgendwo oder nirgendwo – in einem gewissen Grad an Isolation. Dr. Prichard verpflichtete sich, das Problem zu beheben. Das hat er getan – gut und erfolgreich. Er zeigte, dass es keineswegs isoliert war, sondern durch eine Verbindung mit dem Sanskrit mit dem Griechischen, Deutschen und Sklavenischen verbunden war , oder (um den Ausdruck zu ändern) mit dem Sanskrit durch das Sklavenische , Deutsche und Griechische – einige oder alle. Die Muttersprache, aus der all diese hervorgingen, sollte in Asien liegen. Dr. Prichards Werk trug den Titel „Der östliche Ursprung der keltischen Nationen". Hat dies das Keltische zum Indogermanischen gemacht? Es sollte so sein. Nein, mehr noch – es änderte den Namen der Klasse; was nun, wie seitdem, indoeuropäisch genannt wurde. Ungünstig. *Eine Beziehung wurde mit der Beziehung* verwechselt . Die vorherigen Sprachen waren (sagen wir) Cousins zweiten Grades. Der Celtic war ein vierter oder fünfter. Was war das Ergebnis? Nicht, dass ein neuer Cousin zweiten Grades gefunden wurde, sondern dass der Familienkreis vergrößert wurde.

Was folgt? Dr. Prichards Fixierung der Kelten als Mitglieder desselben *Clans* mit den Deutschen usw. war eine Ergänzung zur ethnographischen Philologie, mit der viele minderwertige Forscher konkurrieren wollten; und es entwickelte sich die gängige Überzeugung – die umgesetzt, wenn nicht sogar anerkannt wurde –, dass Sprachen, die dem Keltischen so ähnlich waren wie das Keltische für das Deutsche, auch indoeuropäisch seien. Dieses

Ziel war es, die Klasse zu überschwemmen – sie zu überfordern und sie überhaupt nicht mehr zur Klasse zu machen. Es folgten Albaner, Basken, Etrusker, Lappen und andere. Der einmal gebildete Ausreißer der Gruppe diente als Kern für neue Ansammlungen. Eine seltsame Sprache des Kaukasus – das Irôn oder Ossetisch – wurde von Klaproth als indogermanisch eingestuft; und das aus vernünftigen Gründen angesichts der ungeklärten Kritiklage. In der Zwischenzeit möchte das Georgische, eine andere Sprache dieser geheimnisvollen Berge, platziert werden. Es weist zweifellos ossetische – oder irônische – Verwandtschaften auf. Aber das Ossetische – oder Irôn – ist indoeuropäisch. So ist es auch mit dem Georgischen. Das ist eine großartige Leistung; denn die kaukasischen Sprachen und die kaukasischen Schädel stimmen nun überein, da beide ihre Affinitäten zu Europa haben – wie es auch sein sollte. Was aber, wenn sowohl die Irôn als auch die Georgier halb Chinesen oder Tibeter sind, *d. h . e.* Sind alle Sprachen außer einsilbigen Sprachen, sowohl in der Grammatik als auch im Wortschatz? Sollte dies der Fall sein, bedarf der Begriff „indoeuropäisch" einer Überarbeitung; Und nicht nur das – auch die Prinzipien, nach denen Begriffe festgelegt und Klassen erstellt werden, müssen überarbeitet werden. Gleichzeitig enthält der „östliche Ursprung der keltischen Nationen" die deutlichste Ergänzung zur Philologie, die das gegenwärtige Jahrhundert hervorgebracht hat; und das passende Kompliment dazu ist Mr. Garnetts Rezension im „Quarterly"; das erste einer Reihe meisterhafter und unübertroffener Exemplare der induktiven Philologie, die auf die Untersuchung der wahren Natur der Flexionen des Verbs angewendet werden. Aber das ist episodisch.

Das nächste Instrument der ethnologischen Kritik liegt in den Phänomenen selbst der Ausbreitung und Verbreitung unserer Arten.

Zunächst zur Universalität. In dieser Hinsicht müssen wir genau hinsehen, bevor wir Orte finden, an denen es *keinen Menschen gibt* . Diese werden, wenn wir sie überhaupt finden, einer von zwei Bedingungen unterliegen; Das Klima wird extrem sein oder die Isolation ist übermäßig. Als Beispiele für das erste nehmen wir die Polen; und was den Polarkreis betrifft, so finden wir in den eisbedeckten Regionen seiner Nachbarschaft – in wenigen und weit entfernten Gegenden – keine Bewohner ; keine südlich von 55° südlicher Breite oder am äußersten Feuerland. Dies *ist jedoch* bevölkert. Wir müssen jedoch bedenken, dass im Südpolarmeer Regionen wie New South Shetland und Victoria Land isoliert sowie kalt und gefroren sind.

Der *Nordpol* muss jedoch innerhalb von 25° erreicht werden, bevor wir den Menschen aus den Augen verlieren oder ihn auch nur von einer dauerhaften Besiedlung ausgeschlossen finden. Spitzbergen liegt außerhalb der Grenzen menschlicher Besiedlung. Als Nova Zembla erstmals entdeckt wurde, war es ebenfalls unbewohnt. Das Gleiche gilt für Island. Hier war es jedoch die Abgeschiedenheit der *Insel* , die es so machte. Seit dem 9. Jahrhundert hat dort ein zäher Stamm von Menschen gelebt, die fast mit uns verwandt sind. und *das kontinentale* Grönland ist bis zum 75. Grad bevölkert – wenn auch vielleicht nur als Sommerresidenz.

Weit östlich von Nova Zembla und gegenüber dem Land der Yukahiri – einem zähen Volk an den Flüssen Kolyma und Indijirka und innerhalb des Polarkreises – liegt die Insel Neusibirien. Aus Wrangells Reisen in Sibirien erfahre ich, dass vermutlich bestimmte ausgewanderte Yukahiri dorthin geflohen sind. Haben sie gelebt oder sind sie gestorben? Haben sie die Insel erreicht? Falls sie dies getan haben und Körper und Seele zusammengehalten haben, ist Neusibirien wahrscheinlich der nördlichste Punkt der bewohnten Welt.

wie *kalt* ein Land sein muss, um menschenleer zu bleiben. Solche Orte gibt es nur wenige. Keiner ist zu *heiß* – es sei denn, wir glauben tatsächlich, dass das Zentrum Äquatorialafrikas eine Einsamkeit ist.

In Südamerika gibt es eine große Lücke in den Karten. Viele Grad lang liegt auf beiden Seiten des Oberen Amazonas ein riesiges Gebiet – angeblich ein Dschungel – und mit *Sirionos* , dem Namen einer Grenzpopulation, gekennzeichnet. Doch die *Sirionos* sind nicht für einen Moment dazu gedacht, die große Pause zu füllen. Gleichzeitig gibt es darüber hinaus nur wenige oder gar keine. Ist dieses Gebiet eine trostlose, unmenschliche Verschwendung? Es soll so sein – nass, holzig und bedrückend malariaartig . Dies bedeutet jedoch lediglich, dass es einen Wald und einen Sumpf von einer bestimmten Größe und einem gewissen Grad an Undurchdringlichkeit gibt.

Andere dieser Gebiete sind unerforscht – dennoch gehen wir davon aus, dass sie besiedelt sind; wenn auch noch so dünn: *e. G.* das Landesinnere von Neuguinea und Australien.

Dass Grönland den frühen Isländern bekannt war, ist allgemein bekannt. Und dass es zum ersten Mal bewohnt war, ist ebenfalls sicher. Einer der in einer alten Saga erwähnten geographischen Orte hat ein Eskimowort für eines seiner Elemente – *Utibuks -firth = der Firth der Landenge* ; *Utibuk* bedeutet auf Eskimo *Landenge* .

Von den ursprünglich unbewohnten Inseln sind Madeira und Island diejenigen, die gleichzeitig große und nahe Kontinente sind, wobei ersteres ein einsamer Wald ist. Die Kanarischen Inseln sind zwar kleiner und isolierter, wurden aber von der bemerkenswerten Familie der Guanchen bewohnt. Hinzu kommen Ascension, St. Helena, die Galapagosinseln, Kerguelens Insel und einige andere.

Die Osterinsel, ein Fleck im riesigen Pazifik und mehr als auf halber Strecke zwischen Asien und Amerika gelegen, zeigte ihren ersten Entdeckern sowohl Bewohner als auch Ruinen.

Das ist die *horizontale* Verteilung des Menschen; *also* seine Verteilung nach den Breitengraden. Welches andere Tier hat eine solche Reichweite? Welche Art? Welche Gattung oder Ordnung? Im Gegensatz dazu stehen die lokalisierten Lebensräume des Orang- Utans und des Schimpansen als Arten; der Affen als Gattungen; der Marsupialia als Befehle.

Die *vertikale* Verteilung ist ebenso breit. Mit *vertikal* meine ich die Höhe über dem Meeresspiegel. Auf dem Hochplateau von Pamer haben wir die Kerghiz ; Zumindest für Sommerbesucher, wo der *Yak* allein inmitten domestizierter Tiere in der verdünnten Atmosphäre lebt und atmet. Die Stadt Quito liegt mehr als 10.000 Fuß über dem Meer; Walcheren liegt vielleicht darunter.

Wer erwartet bei einer solchen Verteilung eine Gleichmäßigkeit der Physiognomie oder des Körperbaus?

Die Größe ethnologischer Gebiete. — Im Vergleich dazu ist Europa unter den europäischen Familien ziemlich gleichmäßig aufgeteilt. Die slawische Bevölkerung Böhmens, Schlesiens, Polens, Serbiens und Russlands mag vielleicht mehr haben, als ihnen zusteht – dennoch haben die Franzosen, Italiener, Spanier, Portugiesen und Walachen, die alle Sprachen klassischen Ursprungs sprechen, ihren Anteil; und das gilt auch für unsere eigene germanische oder gotische Familie aus Engländern, Holländern, Friesen, Bayern und Skandinaviern. Dennoch gibt es einige Familien, deren geografisches Gebiet ebenso begrenzt ist, deren politische Bedeutung jedoch untergeordnet ist. Es gibt die Escaldunac oder Basken – ursprünglich die Bewohner ganz Spaniens und halb Frankreichs, die jetzt in einer Ecke der Pyrenäen angesiedelt sind – die Waliser der Iberischen Halbinsel. Es gibt auch die Skipetar oder Albaner; eingeklemmt zwischen Griechenland, der Türkei und Dalmatien. Dennoch sind die jeweiligen Gebiete der europäischen Familien ziemlich gleichmäßig verteilt; und das Land Europa ist wie eine Lotterie, bei der alle Preise einen beträchtlichen Wert haben.

Der Vergleich mit Asien bestätigt dies. In unmittelbarem Kontakt mit der riesigen türkischen Bevölkerung, die in der Unabhängigen Tataren lebt , aber mehr oder weniger kontinuierlich über ein Gebiet verteilt ist, das sich mehr oder weniger kontinuierlich von Afrika bis zum Eismeer erstreckt (ein Gebiet, das größer als ganz Europa ist), kommen die Stämme des Kaukasus – Georgier, Tscherkessen, Lesgier , Mizjeji und Irôn ; fünf klar definierte Gruppen, die jeweils in untergeordnete Abteilungen und einige von ihnen in Unterabteilungen unterteilt sind. An der Lena wird die Sprache Konstantinopels verstanden. In der Gebirgskette zwischen dem Kaspischen

Meer und dem Schwarzen Meer gibt es mindestens fünfzehn für beide Seiten unverständliche Sprachen – vielleicht mehr, aber auf keinen Fall weniger. Nun zeigt die Ausdehnung des von der Turkfamilie bedeckten Landes die Größe, die ein ethnologisches Gebiet erreichen kann; während die Vielzahl der für beide Seiten unverständlichen Sprachen des Kaukasus zeigt, wie eng Familien zusammen sein können. Ihre geografische Gegenüberstellung unterstreicht den Kontrast.

Auf den ersten Blick erscheint dieser Kontrast bemerkenswert. Dies ist jedoch keineswegs der Fall, sondern kommt ständig vor. In China ist die Sprache eine und unteilbar: An seiner südwestlichen Grenze werden die Sprachen zu Dutzenden gezählt – gerade als gäbe es in Yorkshire überall nur einen Provinzdialekt; zwei in Lincolnshire; und zwanzig in Rutland.

Der gleiche Kontrast tritt auch in Nordamerika wieder auf. In Kanada und den Nordstaaten wird das Algonkin- Gebiet anhand der Breiten- und Längengrade gemessen; in Louisiana und Alabama kilometerweit.

Das Gleiche gilt für Südamerika. Eine Sprache – die Guarani – bedeckt den halben Kontinent. An anderer Stelle enthält ein zehnter Teil eine Partitur.

Das Gleiche gilt für das südliche Afrika. Von der Linie bis zur Umgebung des Kaps ist alles Kaffre . Zwischen Gambia und Gabun gibt es mehr als zwanzig verschiedene Divisionen.

Das Gleiche gilt auch für den Norden. Die Berber reichen vom Niltal bis zu den Kanarischen Inseln und vom Mittelmeer bis in die Gegend um Borneo. Auf Borneo soll es dreißig verschiedene Sprachen geben.

Dabei handelt es sich um Flächen in ihrer Größe und im Verhältnis zueinander; wie die Bistümer und Kurien unserer Kirche, ob groß oder klein, wobei es schwierig ist, den Durchschnitt zu ermitteln. Die einfachen Beinamen „*groß*" und „*klein*" *sind* jedoch suggestiv; da ersteres eine *zunehmende* , letztere einen *Bevölkerungsrückgang impliziert* .

Eine Verteilung über Kontinente ist eine Sache; eine Verteilung über Inseln eine andere. Ersteres gelingt am einfachsten, wenn die Welt jung ist und die vorherigen Bewohner keine Hindernisse schaffen. Das zweite setzt maritime Fähigkeiten und Unternehmungsgeist voraus, und die maritimen Fähigkeiten verbessern sich mit der Erfahrung der Menschheit. Einer der größten Tatsachen der ethnologischen Verbreitung und Zerstreuung gehört zu dieser Klasse. Alle Inseln des Pazifiks werden von Mitgliedern eines Stammes oder einer Familie bevölkert: der Polynesier. Diese finden wir im Norden bis zu den Sandwichinseln , im Süden bis nach Neuseeland und auf der Osterinsel auf halber Strecke zwischen Asien und Amerika. So viel zur *Streuung* . Aber das ist noch nicht alles: Die *Verteilung* ist ebenso

bemerkenswert. Madagaskar ist eher eine afrikanische als eine asiatische Insel
; in leichter Segelnähe von Afrika; die genaue Insel für eine afrikanische
Bevölkerung. Ethnologisch gesehen handelt es sich jedoch um eine asiatische
Familie – dieselbe Familie, die wir auf Sumatra, Borneo, den Molukken, den
Mariannern , den Karolinen und Polynesien finden, ist auch malagasisch .

Kontrast zwischen zusammenhängenden Populationen. — Ethnologische
Ähnlichkeit stimmt keineswegs mit geographischer Nähe überein. Der
allgemeine Charakter der zirkumpolaren Familien des Polarkreises ist der der
Lappländer, der Samoeiden und der Eskimos. Doch die Bevölkerungszone,
die die unwirtlichen Küsten des Polarmeeres umgibt, besteht nicht
ausschließlich aus Lappen oder Samoeiden – und schon gar nicht aus
Eskimos. In Europa findet der Lappländer auf beiden Seiten einen Kontrast.
Im Westen liegt der Norweger; der Finnlander im Osten. Wir können das
erklären. Ersterer ist erst seit Kurzem im Haus; kein Naturtalent, sondern ein
Eindringling. Dies schließen wir aus der südlichen Verteilung der anderen
Mitglieder seiner Familie – Dänen, Deutsche, Niederländer, Engländer und
Amerikaner. Aus demselben Grund unterscheidet sich der Isländer vom
Grönländer. Obwohl der Finne enger mit den Lappen verwandt ist als der
Norweger und derselben großen ugrischen Menschheitsfamilie angehört, ist
er immer noch ein südliches Mitglied seiner Familie; eine Familie, deren
Fortsetzung sich bis zur unteren Wolga erstreckt und deren Fortsetzungen
in Ungarn zu finden sind. Östlich des Finnlands verdrängt das Russische das
typisch zirkumpolare Samoeid ; während wir an der Mündung der Lena die
Jakuten haben – Türken nach Blut und Zunge und bis zu einem gewissen
Grad auch nach Gestalt.

In Amerika besteht die zirkumpolare Bevölkerung im Allgemeinen aus
Eskimos. Doch irgendwann finden wir sogar den Rand der arktischen Küste,
der von einer Population großer, gut aussehender Sportler bewohnt ist, 1,80
m groß, gut gebaut und gutaussehend. Dies sind die Digothi- Indianer, auch
Loucheux genannt. Ihr Fundort ist die Mündung des M c Kenzie River; aber
ihre Sprache zeigt, dass ihr Ursprung weiter südlich liegt – *ich . e.* dass es sich
um Koluchen im Eskimogebiet handelt.

Im südlichen Afrika leben die Hottentotten in geografischer Nähe zu den
Kaffre , doch der Kontrast zwischen beiden ist beträchtlich. Ähnliche
Beispiele gibt es zahlreich. Was bedeuten sie? Im Allgemeinen, aber nicht
immer, bedeuten sie Eingriffe und Verdrängungen; Ein Eingriff, der uns sagt,
welche der beiden Familien stärker war, und eine Verdrängung, die den
folgenden Effekt hat. Es löscht jene Zwischen- und Übergangsformen aus,
die die Sorten verbinden, und bringt so die extremeren Fälle von
Unterschieden im geografischen Kontakt und im ethnologischen Kontrast
hervor; Daher sind *Eingriff* , *Verdrängung* und *Auslöschung von Übergangsformen*

Begriffe, die für die vollständige Anwendung der Verteilungsphänomene als Instrument der ethnologischen Kritik erforderlich sind .

Kontinuität und Isolation. — In Sibirien gibt es zwei isolierte Populationen – die Jakuten an der Unteren Lena und die Soioten am Oberen Jenissei . Die ersteren sind, wie bereits erwähnt, Türken; aber sie sind von anderen Nationen als den Türken umgeben. Sie werden vom restlichen Bestand abgeschnitten.

Auch die Soiot sind von seltsamen Bevölkerungsgruppen umgeben. Ihre wahren Verwandten sind die Samoeiden des Eismeeres; aber zwischen diesen beiden Zweigen des Stammes gibt es eine heterogene Bevölkerung von Türken und sogenannten Jenesiern .

Die große Irokesenfamilie Amerikas ist in zwei Teile geteilt – einen nördlichen und einen südlichen. Dazwischen liegen bestimmte Mitglieder der Algonkin- Klasse. Wie die Soioten und die Nordsamoeiden sind die beiden Zweige der Irokesen getrennt.

Die Majiare Ungarns sind vollständig von nichtungarischen Bevölkerungsgruppen umschlossen; und ihre nächsten Verwandten sind die Vogulen des Uralgebirges, weit nordöstlich von Moskau.

Dies zeigt, dass ethnologische Gebiete entweder ununterbrochen oder unterbrochen sein können; kontinuierlich oder diskontinuierlich; ungebrochen oder mit isolierten Fragmenten; und eine kleine Überlegung wird zeigen, dass *überall dort, wo Isolation herrscht, auch Vertreibung stattgefunden hat* . Ob das Land gestiegen ist oder das Meer eingedrungen ist, ist eine andere Frage. Wir wissen, warum die Majiars von den anderen ugrischen Nationen getrennt sind. Sie drangen in der historischen Periode in Europa ein und bahnten sich mit dem Schwert den Weg; und die Beziehungen zwischen ihnen und ihren nächsten Verwandten waren noch nie so majestätisch wie jetzt.

Aber über die Irokesen wissen wir nichts dergleichen; und wir schlussfolgern etwas ganz Gegenteiliges. Wir glauben, dass sie einst das ganze Land besaßen, das jetzt ihre beiden Zweige trennt, und noch viel mehr darüber hinaus. Aber die Algonkins griffen ein; teilweise enteignen und teilweise besetzen lassen.

In beiden Fällen kam es jedoch zu *einer Verschiebung* ; und die Verschiebung ist die Folgerung aus der *Diskontinuität* .

Kontinenten existieren kann . Die Populationen zweier *Inseln* können übereinstimmen, während die Populationen eines ganzen dazwischen liegenden Archipels unterschiedlich sein können. Dies ist jedoch keine

Diskontinuität; denn das Meer ist eine ununterbrochene Kette und das dazwischenliegende Hindernis kann umsegelt statt überquert werden. Der nächstgelegene Weg vom asiatischen Kontinent zum Tahiti-Archipel – dem nächstgelegenen Teil Polynesiens – führt *über* Neuguinea, Neuirland und die Neuen Hebriden. Alle diese Inseln werden jedoch von einer anderen Abteilung der ozeanischen Bevölkerung bewohnt. Bedeutet dies eine Verschiebung? NEIN! Als Route werden lediglich die Philippinen, die Pelews , die Karolinen , die Ralik- und Radak- Gruppen sowie die Seefahrerinseln vorgeschlagen ; und so war es mit ziemlicher Sicherheit.

FUSSNOTE

[10] Mill (Bd. II), der über das verwandte Thema der Moralgeschichte des Menschen spricht.

KAPITEL IV.

Einzelheiten der Verteilung – ihr konventioneller Charakter – Konvergenz vom Umfang zum Zentrum – Feuerländer; Patagonische, Pampa- und Chaco-Indianer – Peruaner – D' Orbignys Charaktere – andere südamerikanische Indianer – der Missionen – Guayana – Venezuelas – Guarani – Karibik – Mittelamerika – mexikanische Zivilisation kein isoliertes Phänomen – nordamerikanische Indianer – Eskimo – offensichtlich Einwände gegen ihre Verbindung mit den Amerikanern und Asiaten – Tasmaniern – Australiern – Papuás – Polynesiern – Mikronesiern – Malagasy – Hottentotten – Kaffern – Negern – Berbern – Abessiniern – Kopten – der semitischen Familie – Primäre und sekundäre Migrationen.

WENN die bewohnte Welt eine große kreisförmige Insel wäre; wenn zugegeben würde, dass seine Bevölkerung von einem einzigen Punkt aus über seine Oberfläche verteilt wäre; Und wenn dieser einzelne Punkt gleichzeitig unbestimmt wäre und einer Untersuchung bedarf, wie würden wir dann unsere Untersuchungen durchführen? Ich nehme an, dass sowohl die Geschichte als auch die Tradition schweigen und dass das Fehlen anderer *Daten* der gleichen Art uns dazu zwingt, die allgemeinen Wahrscheinlichkeiten des Falles und eine große Menge *a priori*-Argumentation anzunehmen.

Wir sollten uns fragen, welcher Punkt uns die bestehenden Phänomene mit dem geringsten Ausmaß an Migration bringen würde; und wir sollten dies auf der Grundlage des einfachen Prinzips stellen, Ursachen nicht unnötig zu vervielfachen. Die Antwort wäre: *das Zentrum* . Von der Mitte aus können wir die Teile um den Umfang herum besiedeln, ohne dass irgendeine Wanderungslinie länger als einen halben Durchmesser wird; und ohne anzunehmen, dass eine der zahlreichen Zeilen länger ist als die andere. Letzteres ist der Hauptpunkt – der Punkt, der uns insbesondere auf das Zentrum als hypothetischen Geburtsort fixiert; denn in dem Moment, in dem wir sagen, dass irgendein Teil des Umfangs durch eine kürzere oder längere Linie als jeder andere erreicht wurde, stellen wir eine spezifische Behauptung auf, für deren Stützung wir spezifische Argumente benötigen. Diese können vorhanden sein oder auch nicht. Bis sie jedoch vorgebracht werden, wenden wir die Regel *de non scheinbaribus* usw. an und bleiben bei unserem konventionellen und vorläufigen Punkt in der Mitte – wobei wir uns natürlich an seinen vorläufigen und konventionellen Charakter erinnern und seine Existenz nur als solche anerkennen solange die Suche nach etwas Realerem und Bestimmterem weitergeht.

Auf der Erde, wie sie ist, können wir etwas Ähnliches tun; Wir nehmen sechs Extrempunkte als Ausgangspunkt und untersuchen das Ausmaß ihrer *Konvergenz*. Diese sechs Punkte sind die folgenden:

- 1. Feuerland.

- 2. Tasmanien (Van Diemens Land).

- 3. Osterinsel – das äußerste Ende Polynesiens.

- 4. Das Kap der Guten Hoffnung oder das Land der Saabs (Hottentotten).

- 5. Lappland.

- 6. Irland.

Von dort aus arbeiten wir über Amerika, Australien, Polynesien, Afrika und Europa bis nach Asien – ein Teil davon gibt uns unser *konventionelles, provisorisches und hypothetisches Zentrum*.

I. *Von Feuerland bis in die nordöstlichen Teile Asiens.* — Die Feuerländer der Insel wurden so selten von den Patagoniern des Kontinents getrennt, dass es in diesem Viertel, so weit es liegt, keine erkennbaren Elemente der Unsicherheit gibt. Maritime Gewohnheiten verbinden sie mit ihren nördlichen Nachbarn im Westen; und das lange Labyrinth von Archipelen, das sich bis zur Südgrenze von Chili erstreckt, ist gleichermaßen Feuerland und Patagonien. Hier werden wir an die Gewohnheiten einiger malaiischer Stämme unter einem ganz anderen Himmel und auf den Inseln rund um Sincapore erinnert – an die Bajows oder Seezigeuner , Bootsleute, deren Heimat auf dem Wasser liegt und die so ungebunden sind wie dieses Element ; Wanderer von einer Gruppe zur anderen; Fischer statt Händler; nicht stark genug, um Piraten zu sein, und nicht fleißig genug, um Kultivierende zu sein. Welches Können der Feuerland überhaupt zeigt, zeigt er in seinem Kanu, seinen Paddeln, seinen Speeren, seinem Bogen, seinen Schleudern und seiner häuslichen Architektur. Alle sind unhöflich – die Bogensehnen bestehen ausschließlich aus Tiersehnen, die Spitzen seiner Pfeile sind aus Stein. Von Holz gibt es wenig und von Metall weniger; und so niedrig der Breitengrad auch ist, das An- oder Ausziehen soll der absoluten Nacktheit näher kommen, als man es in vielen innertropischen Ländern findet.

In ihrer Größe sind sie geringer als die kontinentalen Patagonier; in Farbe und Körperbau kommen sie ihnen sehr nahe. Das gleiche breite und abgeflachte Gesicht kommt bei beiden vor und erinnert einige Schriftsteller an die Eskimos, andere an die Chinuk . Ihre Sprache lässt sich sicherlich auf die patagonische Klasse beziehen, obwohl sie für einen Patagonier wahrscheinlich unverständlich ist.

Innerhalb der Insel selbst gibt es Unterschiede; Grad des Unbehagens; und Abstufungen in seinen Auswirkungen auf den Körper. Am östlichen Ende [11] trug die Bevölkerung die Felle von Landtieren und sah eher wie Jäger als wie Fischer und Robbenjäger aus. Ansonsten sind die Feuerländer in der Regel *Schiffer*.

Nicht so ihre nächsten Verwandten. Sie sind alle Reiter; und in ihren nördlicheren Gebieten die beeindruckendsten der Welt: Patagonier von beachtlicher, aber übertriebener Statur, Pampa-Indianer zwischen Buenos Ayres und den südlichen Anden und weiter oben die Chaco-Indianer des Wassersystems des Flusses Plata . Zu diesen müssen zwei weitere Familien hinzugefügt werden – eine am Stillen Ozean und eine am Atlantik – die Araukaner von Chili und die Charruas vom unteren La Plata.

Außer in den unzugänglichen Höhen der Anden von Chile und, wie oben angedeutet, auf der Insel Feuerland kennzeichnen alle diese Populationen dieselben Reitgewohnheiten; und alle dieselbe unbezähmbare und wilde Unabhängigkeit. Von den Chaco-Indianern sind die Tonocote teilweise sesshaft und unvollständig christianisiert; Aber die Abiponier – in ihrem leidenschaftlichen Reitsport sehr Zentauren – die Mbocobis , die Mataguayos und andere sind im gegenwärtigen Moment der Schrecken der Spanier. Der Widerstand der Araukaner von Chile hat dem Land ihrer Eroberer ein Epos verliehen.

Von den Charruas war jeder Mann ein Krieger; eigenständig, stark und grausam; mit seiner Hand gegen den Spanier und mit seiner Hand gegen die anderen Ureinwohner. Viele von ihnen vernichteten sie, und weil sie zu stolz waren, Bündnisse einzugehen, kämpften sie immer im Alleingang. Im Jahr 1831 ordnete der Präsident von Uruguay ihre völlige Zerstörung an und sie wurden bis auf den letzten Ast abgeholzt; Es sind nur noch wenige Überlebende übrig.

Abgesehen von den Feuerländern ist diese Einteilung überaus natürlich; dennoch lassen sich die Feuerlande davon nicht trennen. Als Beweis dafür, dass die physikalischen Unterschiede gering sind, füge ich die Beschreibung eines Naturforschers – D'Orbigny – hinzu, der sie trennt. Sie liegen offenbar in einem engen Rahmen.

- *A. Araukanischer Zweig der Ando- Peruaner.* — Farbe helloliv; Form massiv; Rumpf etwas unverhältnismäßig lang; Gesicht fast kreisförmig; Nase kurz und flach; Lippen dünn; Physiognomie düster , kalt.

- *B. Pampa-Zweig der Pampa- Indianer.* – Farbe tief olivbraun oder *kastanienbraun* ; Form Herkules; Stirn gewölbt; Gesicht groß, flach, länglich; Nase kurz; Nasenlöcher groß; Mund weit; Lippen groß; Augen horizontal; Physiognomie kalt, oft wild.

D'Orbigny ist ein Schriftsteller, der keineswegs dazu neigt, Unterschiede zu unterschätzen. Dennoch ordnet er die *Peruaner* und die Araukanier derselben primären Division zu. Dies zeigt, dass, wenn andere Charaktere sie verbinden, physiognomisch nichts sehr schlüssiges gegen ihre Beziehung spricht. Ich denke, dass bestimmte andere Charaktere sie *verbinden* – vor allem die Sprache. Gleichzeitig sind wichtige Kontraste nicht zu leugnen. Die Zivilisation Perus hat außerhalb der Tropen keine Entsprechung; und wenn wir dies als ein Phänomen betrachten sollen *Per se* müssen unsere Demarkationslinien breit und scharf sein, da sie das Ergebnis eines Instinkts sind, der sich von denen der Charrua ebenso unterscheidet wie die architektonischen Impulse der Biene und der Hornisse. Dennoch lassen sich solche Grenzen nicht ziehen. Zweifellos sind Mitglieder des Quichua-Stammes der Inka-Peruaner (Architekten und Eroberer, wie dieser bestimmte Zweig war) nur gewöhnliche Indianer – wie die Aymaras . Nein, die modernen Peruaner gehören im Vergleich zu ihren Vorfahren in dieselbe Kategorie. Die jetzigen Bewohner der Gebiete um Titicaca und Tiaguanaco staunen über die Ruinen um sie herum und gestehen, dass sie ihnen nicht Konkurrenz machen können, so wie ein moderner Grieche an den phidianischen Jupiter denkt und verzweifelt. Auch hier ist die Lücke erklärt, da die meisten der dazwischen liegenden Populationen, die möglicherweise Übergangsmerkmale gezeigt haben, entweder ausgestorben oder denationalisiert sind. Zwischen den Peruanern und Araukanern sind die Atacamas und Changos die einzigen verbliebenen Populationen – weniger als 10.000 Exemplare und nur wenig bekannt.

Dennoch führt uns eine eindeutig verwandte Population des peruanischen Stammes von 28° südlicher Breite. zum Äquator. Seine Einheit in sich selbst ist zweifellos; und sein Kontrast zu den nächstgelegenen Familien ist nicht größer als die Verschiebungen, die in der Umgebung stattgefunden haben, und unsere eigene Unwissenheit in Bezug auf Teile, die mit ihnen in Kontakt stehen.

Von allen Populationen der Welt ist die Peruaner in ihrer Richtung die *vertikalste* . Seine Linie verläuft genau nach Norden und Süden; seine Breite, aber schmal. Auf der einen Seite liegt der Pazifik, auf der anderen die Anden. Das eine ist eine nahezu ebenso eindeutige Grenze wie das andere. Als wir die Kordilleren überqueren , hat sich der peruanische Typ verändert.

Die Peruaner liegen zwischen den Tropen. Sie überqueren den Äquator. Eine ihrer Republiken – Ecuador – hat ihren Namen sogar von ihrem Meridian. Aber sie sind auch Bergsteiger; und obwohl ihre Sonne die Sonne Afrikas ist, ist ihr Boden der des Himalaya. Daher stellt ihre Lokalität einen

Konflikt, ein Gleichgewicht oder einen Antagonismus klimatologischer Einflüsse dar; und die Höhengrade sind denen der Breitengrade entgegengesetzt.

Auch hier *steht ihre Migrationslinie im rechten Winkel mit ihrer äquatorialen Parallele* – das heißt, wenn wir annehmen, dass sie aus Nordamerika stammen. Die Bedeutung davon ist wie folgt: Die Stadt Quito ist von Mexiko im Norden etwa so weit entfernt wie von Französisch-Guayana im Westen. Wenn wir nun annehmen, dass die Migrationslinie von diesem Land nach Peru gelangt ist, wären die Ur-Ur-Vorfahren der Peruaner ebenso intertropische Menschen wie sie selbst, und die Einflüsse des Klimas würden mit den Einflüssen der Abstammung zusammenfallen; Wenn sie hingegen aus Nordamerika stammten, würden ihre Vorfahren einer entsprechenden Generation die Wirkung eines Klimas 25 Grad weiter nördlich repräsentieren – diese wiederum würden von den Bewohnern der gemäßigten Zone abstammen, und sie wiederum von jenen der kalten Zone. Die volle Bedeutung der Beziehung der Migrationslinien – real oder hypothetisch – zu den Breitengraden muss noch gebührend gewürdigt werden. Zu sagen, dass letztere nichts bringen, weil der innertropische Indianer Südamerikas nicht so schwarz ist wie der Neger, bedeutet, Dinge zu vergleichen, die sich nur in einem Punkt ähneln.

Es ist Peru, wo die antiken Grabreste eine komplizierte Ethnologie aufweisen. Die Schädel antiker Grabstätten sind unnatürlich abgeflacht. Betrachten Sie dies als natürlich; und Sie haben einen guten Grund für die Anerkennung einer neuen Art der Gattung *Homo* . Aber ist es legitim, dies zu tun? Ich denke nicht. Es ist allgemein bekannt, dass die Praxis, den Kopf von Säuglingen abzuflachen, einst in Peru ein ebenso verbreiteter und verbreiteter Brauch war wie heute in vielen anderen Teilen Nord- und Südamerikas. Warum erklärt man dann nicht die alte Abflachung auf diese Weise? Ich bin der Meinung, dass die Autoren, die zögern, dies zu tun, die schwierige Aufgabe übernehmen sollten, ein Negativ zu beweisen, da sie sonst unnötigerweise Ursachen vervielfachen.

Zwei Bestände von enormer Größe nehmen einen so großen Teil Südamerikas ein, dass sie, obwohl sie nicht in unmittelbarer geographischer Verbindung mit den Peruanern stehen, hier als nächstes erwähnt werden müssen. Sie werden jetzt erwähnt, um uns die Behandlung anderer *und kleinerer Familien zu ermöglichen* . Diese beiden großen Bestände sind die Guarani und die Kariben; Während die Kurse, die unmittelbar angekündigt werden, folgende sind:

Die übrigen Südamerikaner sind weder Kariben noch Guarani. — Diese Einteilung ist künstlich; auf einem negativen Charakter basieren; und es ist eher geographisch als ethnologisch. Der erste Zweig davon ist der, den

D'Orbigny *Antisian* nennt und den er sofort mit den eigentlichen Peruanern verbindet; beide waren Mitglieder der primären Abteilung, auf die er die Araukaner bezog – die Araukaner waren der dritte Zweig der *Ando* -Peruaner; die beiden anderen sind die –

- *A. Peruanische Niederlassung.* — Farbe tief olivbraun; Form massiv; Rumpf im Verhältnis zu den Gliedmaßen lang; zurückweichende Stirn; Nase Adler; Mund groß; düstere Physiognomie : – Aymara- und Quichua-Peruaner.

- *B. Antisianer Zweig.* — Die Farbe variiert von tiefoliv bis fast weiß; Form nicht massiv; Stirn zieht sich nicht zurück; Physiognomie lebhaft, mild: – Yuracarés , Mocéténès , Tacanas , Maropas und Apolistas .

Die Yuracarés , Mocéténès , Tacanas , Maropas und Apolistas sind *Antisien* ; und ihr Fundort sind die Osthänge der Anden [13] , zwischen 15° und 18° südlicher Breite. Hier leben sie in einem dicht bewaldeten Land voller Gebirgsbäche und den dazugehörigen Tälern. Zumindest ein Teil von ihnen ist so viel heller als die Peruaner, dass sie ihren Namen von ihrer Farbe haben – *Yurak-kare = weißer Mann* .

Westlich der Antisianer liegen die Indianer der *Missionen* von Chiquito und Moxos , die so genannt werden, weil sie sesshaft und christianisiert wurden. Auch die physischen Charaktere stammen von D' Orbigny . Die Division ordnet er jedoch in die gleiche Gruppe wie die Patagonier.

- *A. Chiquito Zweig.* — Farbe helloliv; Form mäßig robust; Mund mäßig; Lippen dünn; Merkmale zart; Physiognomie lebhaft: – Indianer der Mission von Chiquitos .

- *B. Moxos Zweig.* — Form robust; Lippen dick; Augen nicht *bräutig* ; Physiognomie mild: – Indianer der Mission von Moxos .

Und jetzt sind wir im großen Wassersystem des Amazonas; mit der vereinten Wirkung von Wärme und Feuchtigkeit. Sie sind nicht die gleichen wie in Afrika. Hier gibt es keine Neger. Die Haut ist in manchen Fällen eher gelb als braun; bei manchen hat es einen roten Schimmer. Auch die Statur ist niedrig; nicht wie der Neger, groß und massig. Es ist offensichtlich, dass Wärme nicht alles ist; und dass es eine innertropische Intensität haben kann, ohne die Farbe notwendigerweise über ein bestimmtes Maß hinaus zu beeinflussen. Die Unterschiede zwischen den physischen Bedingungen in Brasilien und Guayana einerseits und denen der von uns betrachteten Länder andererseits sind wichtig. Der Zustand des Bodens und des Klimas bestimmt die Landwirtschaft. Dies gibt uns einen Kontrast zu den Pampa-Indianern; während es bei den Peruanern die Anden mit ihren Begleiterscheinungen nicht mehr gibt; nicht mehr die Vielfalt des Klimas innerhalb desselben

Breitengrads, die Fülle an Baumaterialien und das Fehlen von Flüssen. Bootsleute, Landwirte und Förster – *ich. e.* Jäger des Waldes statt der offenen Prärie – das sind die Familien, um die es geht. In Gruppen von *geringem* Klassifizierungswert teilen und unterteilen sie sich auf unbestimmte Zeit weiter, als die wenigen Forscher vermuten ließen; Tatsächlich wirft D'Orbigny sie alle in eine Klasse.

Die Stämme des Orinoco bilden die letzte Gruppe der Indianer, die weder Guarani noch Kariben sind; und dieser kurze Hinweis auf ihre Existenz ebnet den Boden für die etwas ausführlichere Darstellung der nächsten beiden Familien.

die Guarani bedecken mehr Land als alle anderen Stämme zwischen dem Amazonas, den Anden und La Plata zusammen; es ist jedoch nicht sicher, ob ihr Gebiet zusammenhängend ist. In der bolivianischen Provinz Santa Cruz de la Sierra und im Kontakt mit den Indianern der Missionen und des Chaco finden wir die Chiriguanos und Guarayos – und das sind Guarani. Weiter nördlich bis zum Äquator und bis zum Fluss Napo an der peruanischen Grenze finden wir dann die Flachkopf- Omaguas , sozusagen die fluviatilen Seefahrer des Amazonas; und das sind auch Guarani.

Der Großteil des Bestands ist jedoch brasilianisch; Tatsächlich wurden *Brasilianer* und *Guarani manchmal als Synonyme verwendet.* Es gibt jedoch noch andere Guarani in Buenos Ayres; es gibt Guarani an den Grenzen von Guayana; und es gibt Guarani am Fuße der Anden. Aber inmitten des großen Meeres der Guarani-Bevölkerung ragen Fragmente anderer Familien wie Inseln hervor; und dies macht es wahrscheinlich, dass die betreffende Familie aggressiv und aufdringlich war, Vertreibungen vorgenommen und eine Reihe von Übergangsformen verdrängt hat.

Die Kariben kommen den Guarani in puncto Größe in nichts nach . Dies liegt hauptsächlich in Guayana und Venezuela. Die Hauptbevölkerung Trinidads *ist die Karibik, die* der Antillen die Karibik. Die Kariben, die Inka-Peruaner, die Pampa-Reiter und die Feuerland-Schiffer repräsentieren die vier Extreme der südamerikanischen Bevölkerung.

Bei einigen brasilianischen Stämmen kommt das Schrägauge der Chinesen und Mongolen vor.

Um zu zeigen, inwieweit eine Vielzahl kleiner Familien nicht nur existieren, sondern auch in der Nähe großer ethnologischer Gebiete existieren können, werde ich die Stämme der Missionen Brasilien, Guayana und Venezuela aufzählen, deren Vokabular untersucht wurde , und von denen angenommen wird, dass die Sprachen entweder aufgrund des Vergleichs von Exemplaren oder aufgrund direkter Beweise für beide Seiten unverständlich sind; unter der Annahme, dass Unterschiede eher überbewertet als unterbewertet werden und dass die Zahl der Stämme, die hinsichtlich ihrer Sprachen nicht bekannt sind, wahrscheinlich wieder genauso groß ist wie die der bekannten.

A. Zwischen den Anden, den Missionen und dem 15' und 17' S. L. liegen die Yurakares ; deren Sprache sich angeblich von der der Mocéténès , Tacana und Apolistas unterscheidet , so sehr sich diese untereinander unterscheiden.

B. In den Missionen kommen – 1. Die Moxos . 2. Die Movima . 3. Der Cayuvava . 4. Die Sapiboconi – diese gehören zu Moxos . In Chiquitos sind – 1. Die Covareca . 2. Die Curuminaca . 3. Die Curavi . 4. Die Curucaneca . 5. Die Corabeca . 6. Die Samucu .

C. In Brasilien sind die Stämme außer den Guarani, deren Vokabeln für beide Seiten unverständliche Sprachen darstellen, folgende:

- 1. Der Botocudo, der wildeste aller Kannibalen.

- 2. Die Goitaca , bei den Portugiesen als *Coroados* oder *Tonsured bekannt* .

- 3. Das Camacan mit mehreren Dialekten.

- 4. Die Kiriri und Sabuja .

- 5. Die Timbira .

- 6. Die Pareci , die vorherrschende Bevölkerung der Mata Grosso.

- 7. Mundrucu , am Südufer des Amazonas zwischen den Flüssen Mauhé und Tabajos .

- 8. Der Muru .

- 9, 10, 11. Yameo , Maina und Chimano zwischen Madera und Ucayale .

- 12. Die Coretu , der einzige von vierzig Stämmen, die uns durch ein Vokabular bekannt sind, für die Gebiete zwischen dem linken Ufer des Amazonas und dem rechten Ufer des Rio Negro.

D. Über Französisch, Spanisch und Niederländisch-Guayana weiß ich nur wenig. Auf *Britisch-* Guayana wurde durch die Forschungen von Sir R. Schomburgk ein helles Licht geworfen . Hier haben wir neben zahlreichen gut markierten Abteilungen der Carib-Gruppe:

- 1. Die Warows , Baumschiffer – Bootsleute, weil sie das Orinoco-Delta und die Tiefküste von Nord-Guayana bewohnen – und Baumbewohner, weil die Überschwemmungen sie in die Bäume treiben, um dort eine Unterkunft zu finden. In ihrer physischen

Gestalt ähneln die Warows ihren Nachbarn ; aber ihre Sprache wurde auf keine Klasse reduziert, und ihre besonderen Gewohnheiten stellen sie in starken Kontrast zu den meisten anderen Südamerikanern. Sie sind die Marschmänner eines Landes, das gleichzeitig ein Delta und ein Wald ist.

- 2. Die Taruma .

- 3. Die Wapisiana mit den Atúrai , Daúri und Amaripas als ausgestorbenen oder fast ausgestorbenen Teilen von ihnen – selbst nur eine Bevölkerung von vierhundert.

E. Venezuela bedeutet das Wassersystem des Orinoco, und hier haben wir die für beide Seiten unverständlichen Sprachen von –

- 1. *Die Salivi* , von denen die Aturi eine Abteilung sind – die Aturi , die aus Humboldts Beschreibung ihrer großen Grabhöhle auf den Katarakten des Orinoco bekannt sind; wo mehr als sechshundert Leichen in geflochtenen Säcken oder Körben aufbewahrt wurden – einige Mumien, einige Skelette, einige mit duftenden Harzen lackiert, einige mit Arnotto bemalt, einige weiß gebleicht , einige nackt. Dieser Brauch taucht in Teilen Guayanas wieder auf. Die Salivi wurden stark vertrieben; denn es gibt gute Gründe zu der Annahme, dass ihre Sprache einst in Trinidad gesprochen wurde.

- 2. *Die Maypures* .

- 3. *Der Achagua* .

- 4. *Die Yarura* , mit denen die *Betoi* verbündet sind; und möglicherweise-

Der Ottomaka . — Das sind die *Dreckfresser* . Sie füllen ihren Magen mit einem cremigen Ton, den sie in ihrem Land finden; und zwar unabhängig davon, ob Nahrung besserer Art reichlich oder mangelhaft ist.

Hier gibt es viele Unterschiede; Doch wo es in manchen Punkten Unterschiede gibt, herrscht in anderen so oft Einigkeit, dass derzeit keine sehr entschiedenen Schwierigkeiten erkannt werden, die gegen die Doktrin der spezifischen Verbindung der Südamerikaner sprechen. Wenn solche auftreten, handelt es sich im Allgemeinen um Rückschlüsse entweder auf die überlegene Zivilisation der alten Peruaner oder auf die Besonderheit ihrer Schädel. Letzteres wurde berücksichtigt. Erstere scheint sich in ihrer Art nicht von denen mehrerer anderer amerikanischer Familien zu unterscheiden – der Muysca von Neu-Grenada, der Mexikaner und der Maya weiter nördlich. Aber das könnte sich als zu viel erweisen; da es möglicherweise lediglich ein Grund für die Isolierung der Mexikaner usw. ist. Sei es so. Die Frage kann vorerst ruhen.

Es wurde nun etwas über zwei Klassen von Phänomenen gesehen , die in der Fortsetzung auftauchen und wieder auftauchen werden, nämlich. der große Unterschied in den physischen Bedingungen von Gebieten wie dem Feuerland, der Pampa, dem Peruaner und den Warows und der Kontrast zwischen der geografischen Ausdehnung so großer Gruppen wie der Guarani und kleiner Familien wie den Wapisiana , den Yurakares und mehr als zwanzig andere.

Es besteht eine große Kluft zwischen Süd- und Mittelamerika; man kann auch nicht mit Sicherheit sagen, dass die Linie der Anden (oder der Isthmus von Darien) die einzige Migrationslinie darstellt. Man muss sich auch an die Inseln erinnern, die Florida und Caraccas verbinden.

Die Eingeborenen von Neu-Grenada sind nur unvollständig bekannt. In Veragua wurden einige kleine Stämme beschrieben. In Costa Rica gibt es immer noch Inder – aber sie sprechen ganz oder allgemein Spanisch. Das Gleiche ist wahrscheinlich auch in Nicaragua der Fall. Die Moskito- Indianer sind sowohl mit Neger- als auch mit weißem Blut übersät und im Hinblick auf ihre Zivilisation – so wie sie ist – anglisiert. Von den westindischen Inselbewohnern sind nur noch die dunkel gefärbten Kariben von St. Vincents übrig geblieben . In Guatimala taucht der Peruanismus wieder auf; und architektonische Überreste zeugen von einer industriellen Entwicklung – Landwirtschaft und Leben in Städten. Die innertropischen Anden haben eine eigene Kunst; im Wesentlichen dasselbe in Mexiko und Peru; in diesen beiden Ländern am vorteilhaftesten gesehen, in den dazwischen liegenden Bezirken jedoch keineswegs mangelhaft; in vielerlei Hinsicht bemerkenswert, aber nicht bemerkenswerter als die Existenz von drei Klimazonen unter einem Breitengrad.

Mexiko wurde wie Peru isoliert – und das nach dem gleichen Prinzip. Dennoch kann nicht nachgewiesen werden, dass die Ägypter der Neuen Welt ausschließlich einem bestimmten Bevölkerungszweig angehörten. In Guatimala und Yucatan – wo die Ruinen denen des Landes Astek [14] in nichts nachstehen – ist die Sprache die Maya, und es ist ebenso unvernünftig anzunehmen, dass die Asteks diese gebaut haben, wie die Ruinen von Astek den Mayas zuzuschreiben . Es ist eine illegitime Annahme, dass bestimmte Gebäude, da sie zum Reich von Montezuma gehörten, ihrem Ursprung oder ihrer Gestaltung nach Astek waren. Mehr als zwanzig andere Nationen besetzten dieses riesige Königreich; und in den meisten Teilen davon, *wo es viel Stein gibt* , finden wir architektonische Überreste.

Architektur, Städte und die von ihnen bestimmte Konsolidierung des Imperiums folgen der Linie der Anden. Sie stehen auch in einem offensichtlichen *Zusammenhang* mit den landwirtschaftlichen Bedingungen des Bodens und des Klimas. Die Chaco- und Pampa-Gewohnheiten, die so sehr im Gegensatz zur industriellen Zivilisation Perus standen und so mit dem offenen Präriecharakter des Landes zusammenfielen, tauchen in Texas wieder auf. Sie nehmen im großen Tal des Mississippi zu. Dennoch waren die Indianer Floridas, der Carolinas, Tennessees, Kentuckys, Virginias und der alten *Wälder* teilweise landwirtschaftlich geprägt. Sie waren auch zur politischen Konsolidierung fähig. Powhattan in Virginia herrschte über Könige und Unterkönige, genau wie Montezuma. Das sogenannte Bilderschreiben, von dem viel als mexikanisches Merkmal bezeichnet wird, erweist sich bei den Indianern der Vereinigten Staaten und Kanadas von Tag zu Tag als immer häufiger anzutreffen.

In einem alluvialen Boden ersetzt das Hügelgrab die Pyramide. Die riesigen Grabhügel des Mississippi-Tals sind Gegenstand eines der wertvollsten Werke [15] der Gegenwart.

Die Natchez, die dem Schriftsteller aus der Romanze von Chateaubriand bekannt waren, sind dem Ethnologen aufgrund ihrer mexikanischen Merkmale als die herausragendsten unter den Indianern des Mississippi bekannt. Sie machten den Kopf flach, verehrten die Sonne, hielten ein ewiges Feuer, erkannten ein Kastensystem an und opferten menschliche Opfer. Dennoch wäre es unsicher, sie mit den Asteks zu identifizieren oder auch nur einen außergewöhnlichen Verkehr anzunehmen. Ihre Traditionen legen tatsächlich die Idee einer Migration nahe; aber ihre Sprache widerspricht ihren Traditionen. Sie sind einfach das, was die anderen Eingeborenen Floridas waren. Ich sehe in den Berichten über die frühen Appalachen nur Mexikaner und Peruaner *ohne* ihre Metalle, Edelsteine und Berge.

Die anderen Allgemeinheiten Nordamerikas sind die wiederholten Brasiliens, Perus und Patagoniens. Die Algonkins haben ein Gebiet wie die Guarani, ihre Küstenlinie erstreckt sich jedoch nur von Labrador bis Cape Hatteras. Die Irokesen von New York und den Carolinas – eine zersplitterte und diskontinuierliche Bevölkerung – weisen auf Übergriffe und Vertreibung hin; Sie bedeckten jedoch einst vielleicht so viel Raum wie die Kariben. Die Sioux repräsentieren die Stämme Chaco und Pampa. Ihr Land ist ein Jagdrevier mit seinen Beziehungen zum nördlichen Wendekreis und zum Polarkreis, genau jenen des Chaco und der Pampa zum Süden und zur Antarktis.

Die Westseite der Rocky Mountains ist mexikanischer als die Ostseite; genauso wie Chili peruanischer als Brasilien ist.

Ich glaube, wenn die Pazifikküste Amerikas diejenige gewesen wäre, die zuerst entdeckt und am ausführlichsten beschrieben worden wäre, so dass Russisch-Amerika, Neukaledonien, das Königin-Charlotte-Archipel und der Nutka-Sund ebenso bekannt gewesen wären wie Kanada und New Brunswick, dann wäre dies der Fall gewesen Es gab nie Zweifel oder Schwierigkeiten hinsichtlich der Herkunft der sogenannten Indianer der Neuen Welt. und niemand hätte jemals darüber spekuliert, dass Afrikaner ihren Weg nach Brasilien oder Polynesier nach Kalifornien finden würden. Die *primâ facie- Ansicht* des gesunden Menschenverstandes wäre sofort zugelassen worden, anstatt sie teilweise zu verfeinern und teilweise aufzugeben. Nordostasien wäre als Vaterland des Nordwestens Amerikas durchgegangen, und statt der chinesischen und japanischen Merkmale, die bei ihrer Entdeckung in Mexiko und Peru Wunder hervorriefen, wäre das einzige Wunder in der Seltenheit des Vorkommens gelegen. Die geographischen Entdeckungen kamen jedoch von einer anderen Seite, und da es die Indianer des Atlantiks waren, deren Geschichte als erste Spekulationen anregte, wurde die natürlichste Sicht auf die Herkunft der amerikanischen Bevölkerung als letzte übernommen – und das muss vielleicht noch der Fall sein anerkannt.

Der Grund für all dies liegt in der folgenden Tatsache. Die Eskimos, die die einzige gemeinsame Familie der Alten und der Neuen Welt bilden, stehen in einem bemerkenswerten Gegensatz zu den eindeutigen und anerkannten amerikanischen Ureinwohnern von Labrador, Neufundland, Kanada, den Neuenglandstaaten, New York und den anderen bekannten Inder im Allgemeinen. Größe, Manieren, Körperbau und Sprache tragen dazu bei, die beiden Rassen zu trennen. Dieser Kontrast erstreckt sich jedoch nur auf die Teile *östlich* der Rocky Mountains. Westlich davon gibt es keine solche Abruptheit, keine solche Deutlichkeit, keine so scharfen Grenzlinien. *Die* athabascanischen Dialekte Neukaledoniens und Russisch-Amerikas sind insbesondere mit Eskimo-Wörtern durchsetzt und *umgekehrt* . Das Gleiche gilt für die Kolúch- Sprache der Teile über New Archangel. Ein bemerkenswerter Dialekt namens Ugalents (oder Ugyalyackhmutsi), der von einigen Familien rund um Mount St. Elias gesprochen wird, hat wirklich Übergangscharakter. Was für die Sprachen gilt, gilt im Übrigen auch für die anderen Merkmale.

Die Trennlinien zwischen Eskimo- und Nicht-Eskimo-Amerikanern sind im Pazifik ebenso schwach ausgeprägt wie auf der Atlantikseite des Kontinents.

Was ist dafür verantwortlich? Das Phänomen ist keineswegs selten. Der Lappländer, der im Westen einen starken Kontrast zum Norweger bildet, geht im Osten in den Finnischen über. Die Verwandtschaft der Hottentotten mit den Kaffre wurde bereits bemerkt. Das gilt auch für die Hypothese, die es erklärt. Ein Bestand ist in einen anderen übergegriffen und die Übergangsformen wurden verdrängt. In dem besonderen Fall vor uns haben die vordringenden Stämme der Algonkin- Klasse die Eskimos von Süden her bedrängt; und so wie die heutigen Norweger und Schweden nun das Land einer Familie bewohnen, die ursprünglich mit den Lappen von Lappland verwandt war (aber mit südlicheren Charakteren), haben die Micmacs und andere Rote Männer die südlichen und Übergangs-Eskimos abgelöst. Im *Nordwesten* Amerikas kam es unterdessen zu keiner derartigen Vertreibung. Die Familien stehen immer noch *vor Ort*; und die Phänomene des Übergangs sind der Auslöschung entgangen.

So wie die Eskimos ihre Wurzeln in den amerikanischen Indianern haben, so gelangen sie auch in die Bevölkerung Nordostasiens, wobei die Sprache das Instrument ist, das der Autor dieses Artikels bei ihrer Zugehörigkeit besonders eingesetzt hat. Von der Halbinsel Aliaska bis zur Aleuten-Inselkette und von der Aleuten-Kette bis Kamskatka verläuft der wahrscheinliche Verlauf der Wanderung von Asien nach Amerika – rückwärts verfolgt, *dh* vom Ziel zum Ausgangspunkt, von der Peripherie zum Zentrum .

Dann kommen zwei widersprüchliche Zeilen. Die Aleuten könnten entweder Kamskadales oder Curile- Insulaner gewesen sein . In beiden Sprachen gibt es genügend Vokabeln, um beide Vorstellungen zu rechtfertigen. Aber dies ist nur ein kleiner Punkt der Ethnologie, wenn man ihn mit dem umfassenderen Punkt vergleicht, der ihm gerade vorangegangen ist. Die japanische und koreanische Bevölkerung gehört so wahrhaft zur gleichen Klasse wie die Kurilen- Insulaner, und die Koriaken nördlich des Ochotskischen Meeres sind so wahrhaft Kamskadale , dass wir jetzt davon ausgehen können, dass wir uns unserem konventionellen Zentrum so sehr genähert haben Es steht Ihnen frei, die fraglichen Teile für die Betrachtung eines anderen Teils des Umfangs – eines weiteren extremen Divergenzpunkts – zu belassen.

II. *Vom Van-Diemen-Land bis in die südöstlichen Teile Asiens* . – Die Ureinwohner des Van-Diemen-Landes, die bequemerweise Tasmanier genannt werden, haben, wenn man sie für sich betrachtet, mit gutem Recht Anspruch darauf, als Angehörige einer eigenen Art betrachtet zu werden. Die Australier sind auf einem Niveau, das niedrig genug ist, um die übertriebensten Maler eines *Naturzustandes zufriedenzustellen* ; aber die Tasmanier sind offenbar noch niedriger. Von dieser Familie sind nur noch wenige Familien übrig – Bewohner von Flinders' Island, wohin sie von der Regierung des Van-Diemen-Landes vertrieben wurden. Und hier nehmen sie ab; aber ob aus Platzmangel oder aus Mischehen, ist zweifelhaft. Die Auswirkungen von keinem von beiden wurden ausreichend untersucht. Sie unterscheiden sich von den Australiern in der Beschaffenheit ihrer Haare –

dem wichtigsten diagnostischen Merkmal. Der Tasmanier hat einen Schockkopf mit gekräuselten, *krausen* , verfilzten und fettigen Locken. Keiner ihrer Dialekte ist für einen Australier verständlich, und der Handelsverkehr zwischen den beiden Inseln scheint kaum oder gar nicht stattgefunden zu haben. Ich hatte nur die Gelegenheit, kurze Exemplare von vier für beide Seiten unverständlichen Dialekten zu vergleichen. Sie gehören mit denen Australiens, Neuguineas und der Papua-Inseln zur gleichen Klasse; und das ist alles, was man mit Sicherheit über sie sagen kann.

Es ist eine offene Frage, ob die Tasmanier das Van-Diemen-Land von Südaustralien, von Timor oder von Neukaledonien aus erreichten – die Migrationslinie hat sich im letzteren Fall um *Australien gewunden* , anstatt sich *darüber* zu erstrecken . Bestimmte Ähnlichkeiten zwischen den neukaledonischen und tasmanischen Dialekten legen diese Verfeinerung der *Prima-facie* -Doktrin australischen Ursprungs nahe; und die Beschaffenheit der Haare verhält sich, sofern sie irgendetwas beweist, genauso.

Australien ist grundsätzlich und grundsätzlich die Besetzung einer einzigen Aktie; Der größte Unterschied zwischen seinen zahlreichen Stämmen liegt in der Sprache. Nun ist dies nur eine Wiederholung der philologischen Phänomene Amerikas. Die schwärzere und rohere Bevölkerung Timors repräsentiert die Ur-Ur-Vorfahren der Australier; und offenbar wurde Australien von Timor aus bevölkert. Ich habe kaum Zweifel an diesem Thema. Timor selbst ist mit der malaiischen Halbinsel durch eine Reihe dunkel gefärbter , roher und fragmentarischer Populationen verbunden, die derzeit in Ombay und Floris zu finden sind und vermutlich vor der Entwicklung der eigentümlichen und sibirischen Halbinsel auf Java und Sumatra existierten Vordringende Zivilisation der mahometanischen Malaien.

Auf der malaiischen Halbinsel endet eine weitere Migrationslinie. Von Neukaledonien bis Neuguinea ist eine lange Reihe von Inseln – Tanna , Mallicollo , Salomonen usw. – von einer dunkelhäutigen Population unhöflicher Papuas bewohnt , die eher tasmanisches als australisches Haar haben, *d. h.* mit krausem, knackigem Haar. gekräuselt oder struppig, statt gerade, hager oder nur gewellt. Das kommt aus Neuguinea; Neuguinea selbst stammt aus den östlichen Molukken; *dh* aus ihren dunkleren Populationen. Diese sind vom gleichen Ursprung wie die von Timor; obwohl die Migrationslinien bemerkenswert deutlich sind. Eine davon reicht von den Molukken über Neukaledonien *nach* Neuguinea; der andere führt *über* Timor nach Australien.

Beide Migrationen waren früh; vor der Besetzung Polynesiens. Die frühere Besetzung Australiens und Neuguineas beweist dies; und die größeren Unterschiede zwischen den verschiedenen Teilen der beiden Populationen bewirken dasselbe.

III. *Von der Osterinsel bis in die südöstlichen Teile Asiens.* — Die nördlichen, südlichen und östlichen Enden Polynesiens sind die Sandwichinseln, Neuseeland und die Osterinsel. Diese brachten ihre Bewohner von verschiedenen Inseln der großen Gruppe, zu der sie gehören; von denen die Seefahrerinseln wahrscheinlich die ersten waren, die bevölkert waren. Die Radack-, Ralik-, Caroline- und Pelew-Gruppen verbinden diese Gruppe entweder mit den Philippinen oder den Molukken; und wenn wir diese erreichen, erreichen wir den Punkt, an dem die papuanische und die polynesische Linie auseinanderlaufen. So wie die Papua-Linie Australien überlappte oder umkreiste, so bilden die Mikronesier und Polynesier einen Kreis um das gesamte Papua-Gebiet.

Da sich die Sprachen sowohl Polynesiens als auch Mikronesiens weitaus weniger voneinander unterscheiden als die Sprachen Neuguineas, der Papua-Inseln und Australiens, erfolgt die Trennung vom Mutterstamm später. Höchstwahrscheinlich konvergiert diese dritte Linie durch die Philippinen zur ursprünglichen und kontinentalen Quelle aller drei. Dies ist der südöstliche Teil des asiatischen Kontinents oder der indochinesischen Halbinsel.

Das Malaiische der Malaiischen Halbinsel ist eine *flektierte* Sprache im Gegensatz zum Siamesischen von Siam, das zur gleichen Klasse wie das Chinesische gehört und einsilbig ist. Dies gibt uns einen bequemen Zwischenstopp.

Ebenso waren die koreanischen und japanischen Sprachen, mit denen wir die amerikanische Migrationslinie durchbrachen, mehrsilbig; obwohl das Chinesische, mit dem sie in geografischen Kontakt kamen, einsilbig war.

Die bemerkenswerteste Tatsache im Zusammenhang mit dem ozeanischen Bestand ist das Vorhandensein einer bestimmten Anzahl malaiischer und polynesischer Wörter in der Sprache einer so weit entfernten Insel wie Madagaskar; eine Insel, die nicht nur *weit von* der malaiischen Halbinsel entfernt ist, sondern auch *nahe* der mosambikanischen Küste Afrikas liegt – ein ethnologisches Gebiet, das sich stark vom malaiischen unterscheidet.

Was auch immer die Schlussfolgerung aus dieser Tatsache sein mag – und sie ist eine, auf der viele sehr widersprüchliche Meinungen basieren – ihre Realität ist zweifellos. Dies wird von Herrn Crawfurd zugegeben , dem Schriftsteller, der vor allen anderen den ozeanischen Ursprung der Malagasi nicht zugeben möchte , und es wird wie folgt erklärt: „Zwischen ihnen liegt eine Schifffahrt von 3000 Meilen auf offener See [16] . und im größten Teil davon herrscht ein starker Passatwind. Eine Reise von den Indischen Inseln nach Madagaskar ist selbst im rauen Zustand der malaysischen Schifffahrt möglich; aber eine Rückkehr wäre völlig unmöglich. Handel, Eroberungen oder Kolonisierung kommen daher als Mittel zur Übertragung irgendeines Teils der malaiischen Sprache nach Madagaskar überhaupt nicht in Frage. Es bleibt also nur noch ein Weg, auf dem dies hätte geschehen können: die zufällige Ankunft des vom Sturm heimgesuchten malaysischen *Praus an der Küste Madagaskars* . Der Südostmonsun, der nur eine Fortsetzung des Südostpassats ist, herrscht vom zehnten Grad südlicher Breite bis zum Äquator, wobei seine größte Kraft im Java-Meer zu spüren ist und sein Einfluss die westliche Hälfte des Meeres umfasst die Insel Sumatra. Dieser Wind weht von April bis Oktober, und ein Oststurm während dieser Zeit könnte ein Schiff von den Küsten von Sumatra oder Java wegtreiben, so dass es unmöglich wird, sie wiederzuerlangen. In einer solchen Situation hätte sie keine andere Wahl, als sich dem Wind zu stellen und das erste Land anzusteuern, zu dem der Zufall sie führen könnte; und dieses erste Land wäre Madagaskar. Bei gutem Wind und einer steifen Brise, dessen war sie sicher, würde sie diese Insel ohne Schwierigkeiten in einem Monat erreichen. * * * Die gelegentliche Ankunft eines schiffbrüchigen *Prau in Madagaskar* reicht möglicherweise nicht aus, um auch nur den geringen Anteil malaiischer Sprache zu erklären, der in den Malagasi gefunden wurde ; Aber es stellt keine Gewalt gegen die Manieren oder die Geschichte des malaiischen Volkes dar, wenn man sich die Wahrscheinlichkeit vorstellt, dass eine Piratenflotte oder eine Flotte, die eine dieser Migrationen durchführt, von denen es Beispiele gibt, von denen es Aufzeichnungen gibt, vom Sturm getrieben wird, wie ein einzelner *Prau* . Eine solche Flotte, gut ausgerüstet, gut bestückt und gut bemannt, wäre nicht nur für die lange und gefährliche Reise gerüstet, sondern würde Madagaskar auch in einem besseren Zustand erreichen als ein Fischer- oder Handelsboot. Es scheint also keine unwahrscheinliche Annahme zu sein, dass die Sprache Madagaskars durch ein oder mehrere zufällige Abenteuer dieser Art ihren Einfluss auf Malaiisch erhielt."

Als Ergänzung zu den Bemerkungen von Herrn Crawfurd füge ich den folgenden Bericht von Herrn M. Martin hinzu: „ Es sind viele Fälle vorgekommen, in denen Sklaven auf Mauritius nachts ein Kanu oder Boot beschlagnahmten und mit einem Eine Kalebasse aus Wasser und ein paar Maniok- oder Cassada- Wurzeln drängte aufs Meer hinaus und versuchte , durch den weglosen und stürmischen Ozean nach Madagaskar oder Afrika vorzudringen. Natürlich gehen sie im Allgemeinen zugrunde, aber einige haben Erfolg. Etwa hundert Meilen von der Küste Afrikas entfernt nahmen wir ein zerbrechliches Kanu auf; Darin befanden sich fünf entlaufene Sklaven, von denen einer im Boden des Kanus starb und die anderen fast erschöpft waren. Sie waren vor einem strengen französischen Kapitän auf den Seychellen geflohen und hatten sich ohne Kompass oder Führer in die

Tiefe begeben, mit einer kleinen Menge Wasser und Reis und im Vertrauen auf ihre Angelschnüre als Unterstützung. Gesteuert durch die Sterne hatten sie fast die Küste erreicht, von der sie entführt worden waren, als die Natur erschöpft versank und wir gerade noch rechtzeitig kamen, um vier ihrer Leben zu retten. Solange die Wanderer auf der Suche nach einem Zuhause dazu in der Lage waren, wurden die Tage durch Kerben an der Seite des Kanus gezählt, und einundzwanzig waren so markiert, als unser Schiff sie traf.“

Diese Auszüge wurden gegeben, um Licht auf die bemerkenswerteste bekannte ozeanische Wanderung zu werfen – denn es muss eine Wanderung gegeben haben, auch wenn sie nur so unvollständig war, wie Herr Crawfurd sie darstellt ; Migration, die die heutige Insel Malagasi ozeanisch machen kann oder nicht, je nachdem, in welchem Zustand sie die Insel bei ihrer Ankunft vorgefunden haben. Wenn er bereits bevölkert wäre, wäre die Passage über den großen Indischen Ozean genauso bemerkenswert, als wäre er bis dahin noch nie von einem menschlichen Fuß betreten worden. Das einzige zusätzliche Wunder in diesem letzteren Fall wäre der Kontrast zwischen den Afrikanern, die eine so nahe gelegene Insel vermissten, und den Malaysiern, die eine so entfernte Insel entdeckten.

Im Einzelnen unterscheide ich mich von Herrn Crawfurd in Bezug auf die tatsächlichen Unterschiede zwischen dem Malaiischen und dem Malagasischen , mit der Zurückhaltung und dem Respekt, die auf seine bekannten Kenntnisse in der ersteren dieser Sprachen zurückzuführen sind; aber in der Wertung derselben als Zeichen ethnologischer Trennung unterscheide ich mich immer deutlicher von ihm; Sie glauben nicht nur, dass die beiden Sprachen im Wesentlichen derselben Familie angehören, sondern auch, dass die Abstammung, das Blut oder der Stammbaum der Malagasi genauso ozeanisch ist wie ihre Sprache.

IV. *Vom Kap der Guten Hoffnung bis in den Südwesten Asiens .* — Die Hottentotten vom Kap haben mehr Anspruch als alle anderen Vertreter der Menschheit, als eigenständige Art betrachtet zu werden. Anscheinend unterschiedliche Merkmale treten auf allen Seiten auf. Moralisch gesehen sind die Hottentotten unhöflich; körperlich sind sie zu klein und schwach. In allen Punkten , in denen sich der Eskimo vom Algonkin oder der Lap vom Finn unterscheidet, weicht der Hottentotte vom Kaffre zurück . Doch der Kaffre ist sein nächster Nachbar . Zu den gewöhnlichen Unterscheidungen wurden Steatomata an den Naben und Besonderheiten an den Fortpflanzungsorganen hinzugefügt.

Dennoch ergibt eine sehr spärliche Zusammenstellung die folgenden philologischen Ähnlichkeiten; Auf der einen Seite werden die hottentotischen Dialekte [17] und auf der anderen Seite die anderen afrikanischen Sprachen [18] übernommen HYPERLINK "https://gutenberg.org/files/44605/44605-h/44605-h.htm" \l "Footnote-18" \o "Go to Footnote 18" . Ich überlasse es dem Leser, sich über die Bedeutung der Tabelle zu äußern; Ich füge nur den entschiedenen Ausdruck meiner eigenen Überzeugung hinzu, dass die fraglichen Zufälle zu zahlreich sind, um zufällig zu sein, zu wenig lautmalerisch , um organisch zu sein, und zu weit verbreitet und zu unregelmäßig verteilt, als dass sie durch die Annahme von Geschlechtsverkehr oder Vermischung erklärt werden könnten.

Englisch   Sonne.

Saab   *t'koara* .

Hottentotten *Tut mir leid.*

Corana   *Sorob* .

Agow   *Quora* .

Somauli   *Ghurra* .

Kru   *Guiro.*

Kanga   *Jiro* .

Wawn   *jirri* .

Englisch   Zunge.

Corana   *Tamma* .

Buschmann   *t'inn* .

Fertit   *Timi* .

Englisch   Nacken.

Buschmann   *T'kau* .

Darfur   *Kiu* .

Englisch   Hand.

Corana   *T'koam* .

Shilluck   *kiam* .

Englisch   Baum.

Corana   *Peikoa* .

Buschmann *t'hauki*.

Shilluck *Juke*.

Englisch Berg.

Corana *teub*.

Falascha *Duba*.

Englisch Ohr.

Corana *t'naum*.

Bullom *Naimu*.

Englisch Stern.

Corana *Kambrokoa*.

Kossa *Rumbereki*.

Englisch Vogel.

Buschmann *t'kanni*.

Mandingo *Kuno*.

Englisch schlafen.

Corana *t'kchom*.

Buschmann *T'koing*.

Susu *Kima*.

Howssa *Kuana*.

Englisch Feuer.

Corana *Taib*.

Kongo *Tubia*.

Somauli *Dub.*

Buschmann *t'jih*.

Fot *diu*.

Ashantee *Ojia*.

Englisch Nacken.

Buschmann *T'kau*.

Makua *tchico*.

Englisch	sterben.
Corana	*T'koo* .
Buschmann	*Tkuki* .
Makua	*ocoa = tot.*
Englisch	Gut.
Corana	*T'kain* .
Buschmann	*teteini* .
Makua	*oni-touny* .
Englisch	Fuß.
Corana	*T'nah* .
Hottentotten	*T'noah.*
Makua	*Nyahai* .
Englisch	trinken.
Corana	*T'kchaa* .
Howssa	*sha.*

Englisch	Stern.
Buschmann	*tkoaati* .
Bagnon	*hoquooud* .
Fulah	*Code* .
Englisch	Kind.
Corana	*T'kob* .
Buschmann	*t'katkoang* .
Bagnon	*abkühlen* .
Timmani	*Kalent* .
Bullom	*Tshant* .
Englisch	Baum.
Buschmann	*T'huh* .
Seracolé usw.	*ite* .

Englisch	Fuß.
Corana	*t'keib* .
Buschmann	*T'koah* .
Sereres	*akiaf* .
Waag Agau	*tsab* .

Sofern wir nicht annehmen, dass das südliche Afrika die Wiege der menschlichen Spezies war, muss die Bevölkerung des Kaps eine Erweiterung der des südlichen Wendekreises gewesen sein, und die Familie der Tropen selbst war ursprünglich äquatorial. Was bedeutet das? Sogar dies – dass jene Bevölkerungsströme, auf die der Boden, das Klima und andere physikalische Einflüsse Südafrikas einwirkten, selbst von den intertropischen und äquatorialen Einflüssen der Negerländer beeinflusst worden waren. Daher war der menschliche Bestand, auf den die physischen Bedingungen einwirken mussten, ebenso eigenartig wie diese Bedingungen selbst. Es befand sich nicht in derselben misslichen Lage wie die innertropischen Südamerikaner. Zwischen diesen und dem hypothetischen Zentrum in Asien lagen der Polarkreis und die polaren Breiten – Einflüsse, die in einem Teil der Migrationslinie auf die Vorfahren ihrer Vorfahren gewirkt haben müssen.

Es kam dem Zustand der Australier näher. Doch der äquatoriale Teil der Wanderungslinie dieser letzteren war sehr unterschiedlich von dem der Kaffern und Hottentotten. Es hatte eine schmale Ausdehnung und lag auf fruchtbaren Inseln, die durch die Brisen und die Verdunstung des Ozeans gekühlt wurden, und nicht auf dem trockenen Hochland Zentralafrikas – den Teilen zwischen dem Golf von Guinea und der Mündung des Flusses Juba.

Zwischen den Hottentotten und ihren nächsten Nachbarn im Norden gibt es viele Unterschiede. Ich gebe dies bis zu einem gewissen Grad zu und erkläre sie mit der Annahme einer Übergriffigkeit, Verdrängung und Vernichtung jener Zwischen- und Übergangsstämme, die die nördlichen Hottentotten mit den südlichen Kaffern verbanden .

Und hier muss ich anmerken, dass die Verschiebung selbst überhaupt keine Annahme, sondern eine historische Tatsache ist; seit den letzten Jahrhunderten die Amakosa Allein die Kaffres haben sich auf Kosten verschiedener Hottentottenstämme ausgedehnt, von den Gegenden um Port Natal bis zu den Quellgebieten des Oranje.

Lediglich der Übergangscharakter der vernichteten Populationen ist eine Annahme. Ich halte es – natürlich – für legitim; sonst wäre es nicht gemacht worden.

Andererseits halte ich es für unzulässig, ohne Nachforschung eine so umfassende und grundlegende Unterscheidung zwischen den beiden Stämmen anzunehmen, dass alle Ähnlichkeitspunkte nur dem Geschlechtsverkehr und nichts der ursprünglichen Verwandtschaft zugeschrieben werden . Dies geschieht jedoch weitgehend. Die Sprache der Hottentotten enthält einen Laut, von dem ich glaube, dass er ein eingeatmetes h ist , *d . h . e.* ein *h* -*Geräusch* , das durch *das Einatmen* des Atems entsteht und nicht durch *das Herausdrücken* — wie es der Rest der Welt tut. Dies wird als *Klick bezeichnet* . Es ist ein wirklich unartikulierter Klang; und da das gemeinsame *h* auch in der Sprache vorkommt, stellt die Sprache der Hottentotten das bemerkenswerte Phänomen *zweier* unartikulierter Laute dar, oder zweier Laute, die dem Menschen und den niederen Tieren gemeinsam sind. Aus anthropologischer Sicht mag dies von Wert sein; in der Ethnologie wurde es wahrscheinlich falsch interpretiert.

Es ist in *einem zu finden* Kaffre- Dialekt. Was sind die Schlussfolgerungen? Dass es von den Hottentotten von den Kaffre übernommen wurde ; So wie eine Kaffre- Waffe von den Europäern übernommen wurde. Dies ist einer von ihnen.

Das andere ist, dass der fragliche Klang weniger einzigartig, weniger charakteristisch und weniger ausschließlich Hottentotten ist, als bisher angenommen wurde.

Nun, dies ist sicherlich kein bisschen weniger legitim als das erstere; Ersteres ist jedoch die gängigere Vorstellung. Vielleicht liegt es daran, dass es uns mit einer neuen Tatsache schmeichelt, anstatt uns durch die Korrektur einer voreiligen Verallgemeinerung zu züchtigen.

Noch einmal — die Wurzel *tk* (wie in *tixo* , *tixme* , *utiko*) ist gleichzeitig Hottentot und Kaffre . Es bedeutet entweder eine Gottheit oder einen für eine Gottheit geeigneten Beinamen. Sicherlich ist die Lehre, dass die Kaffern lediglich einen Teil ihres theologischen Vokabulars von den Hottentotten übernommen haben, hier weder die einzige noch die logischste Schlussfolgerung.

Das Kaffre- Gebiet ist so groß, dass es sich auf beiden Seiten Afrikas bis zum Äquator erstreckt; und der Kontrast, den es im Vergleich mit dem kleinen der Hottentotten bietet, ist eine Wiederholung der bereits in Amerika beobachteten Kontraste.

Die Besonderheiten des Kaffre- Stammes sind völlig ausreichend, um Sorgfalt und Rücksichtnahme zu rechtfertigen, bevor wir sie entweder mit den echten Negern oder mit den Gallas , Nubiern, Agows und anderen Afrikanern des Wassersystems des Nils in die gleiche Klasse einordnen. Dennoch sind sie keineswegs so breit und prägnant, wie viele es sich vorgestellt haben. Der unbestrittene Kaffre- Charakter der Sprachen der Küsten Angolas, Loangos , Gabuns , Mosambiks und Sansibars ist eine Tatsache, die sich durch all unsere Kritik ziehen muss. Wenn ja, dann verurteilt es alle extremen Schlussfolgerungen, die aus den ebenso unbestrittenen Besonderheiten der Kaffres am Kap gezogen werden. Und warum? Denn diese Letzteren sind extreme Formen; extrem und nicht entweder typisch oder – was noch wichtiger ist – vorübergehend.

Schauen wir jedoch auf sie. Was finden wir dann? Bis zu den philologischen Beweisen zugunsten der Herkunftsgemeinschaft der innertropischen Afrikaner des Kongo im Westen sowie von Inhambame , Sofala , Mosambik usw. Im Osten, so war bekannt, sprach niemand davon, dass die Eingeborenen in einem dieser Länder etwas anderes als Neger seien, oder dachte daran, auf die Unterschiede näher einzugehen, die heute zwischen ihnen und den typischen Schwarzen bestehen.

Auch was die Sprachen betrifft, gibt es Übergangsdialekte in Hülle und Fülle. In Mrs. Kilhams Tabellen mit 31 afrikanischen Sprachen ist die letzte ein *Kongo-* Vokabular, alle anderen sind Neger. Nun unterscheidet sich dieses Kongo-Vokabular, das wirklich Kaffre ist, vom Rest so wenig mehr als die übrigen voneinander, dass ich, als ich die Liste zum ersten Mal sah, stark von der Meinung überzeugt war, dass der Kaffre-Sprachstamm zu a Ich konnte *kaum* glauben, dass die wahre Kongo- und Kaffre - Sprache vertreten war; Deshalb überzeugte ich mich durch Vergleich mit anderen unzweifelhaften Vokabeln davon, dass dem so war, bevor ich die Schlussfolgerung zugab. Und das ist nur eine von vielen Tatsachen [19] .

Noch einmal: Die Neger selbst sind eher einem extremen als einem normalen Typus zuzuordnen ; und sie sind so weit davon entfernt, mit den *Afrikanern* zusammenzuwachsen , dass sie fast ausschließlich entlang der Flusstäler zu finden sind. Es gibt keine in den außertropischen Teilen Nordafrikas und keine in den entsprechenden Teilen des südlichen Afrikas; und nur wenige auf den Hochebenen auf beiden Seiten des Äquators. Ihre Gebiete sind in der Tat dürftig und klein; Einer liegt am Oberen Nil, einer am Unteren Gambia und Senegal, einer am Unteren Niger und der Letzte entlang der Westküste, wo die kleineren Flüsse, die in den Kong-Bergen entspringen, heiße und feuchte Schwemmlandgebiete bilden.

Von welchen anderen Afrikanern auch immer die Neger getrennt werden sollen, sie dürfen nicht von den Kaffres getrennt werden , da die Hauptkontakt- und Übergangspunkte die Teile rund um den Gabun sind .

Auch sollen die Kaffres nicht allzu scharf von den bemerkenswerten Familien der Sahara, des Atlasgebirges und der Küsten des Mittelmeers abgeschnitten sein – Familien, die es zweckmäßig ist, als nächstes der Reihe nach zu betrachten; nicht weil dies die Reihenfolge ist, die ihrer Geographie oder Ethnologie am besten entspricht, sondern weil die Kritik, die in letzter Zeit an ihnen geübt wurde, uns bei der Kritik der gegenwärtigen Zugehörigkeiten am besten hilft.

An den Grenzen Ägyptens, in der Oase Siwah , finden wir die östlichsten Mitglieder der großen Berber-, Amazirgh- oder Kabyle-Familie; und wir finden sie bis zu den Kanarischen Inseln im Westen, deren Bewohner sie waren, solange sie überhaupt von einer einheimischen Bevölkerung bewohnt wurden. Mitglieder desselben Stammes waren die antiken Untertanen Jugurtha, Syphax und Masinissa . Herr Francis Newman, der der Sprache der Berberstämme mehr Aufmerksamkeit geschenkt hat als jeder Engländer (vielleicht als jeder Europäer), hat gezeigt, dass sie den neuen und bequemen Namen „Subsemitisch" verdient – ein Begriff, der erweitert werden *muss* .

Nehmen wir eine Sprache in ihrem ersten Flexionszustand, wenn sie von der einsilbigen Form des Chinesischen und seiner verwandten Sprachen abweicht, beginnt sie gerade erst, mit ihren bisher unveränderten Substantiven und Verben bestimmte Präpositionen, die die Beziehung bezeichnen, bestimmte Adverbien, die die Zeit bezeichnen , und *zu* integrieren bestimmte Pronomen von Person oder Besitz; durch all das erhält es Äquivalente zu den Fällen, Zeiten und Personen der fortgeschritteneren Formen der Sprache.

Dies ist der Keim der Konjugation und Deklination; der Unfälle der Grammatik. Gehen wir jedoch noch weiter. Über das einfache Nebeneinander und den beginnenden Zusammenschluss dieser zuvor trennbaren und unabhängigen Teilchen hinaus soll es bestimmte innere geben; diejenigen, die zum Beispiel die englischen Präsensformen umwandeln, *fallen* und *sprechen* in die Präteritumformen *fiel* und *sprach* – oder etwas Ähnliches.

Noch weiter. Lassen Sie solche Akzentwechsel, *die* auftreten, wenn wir aus einem Substantiv wie *tyrant ein Adjektiv wie tyránnical bilden* , superaddieren.

Die Vereinigung solcher Prozesse wird der Sprache, in der sie erscheinen, zweifellos einen bemerkenswerten Charakter verleihen.

Aber was ist, wenn sie noch weiter gehen? Oder was wäre, wenn, ohne wirklich weiter zu gehen, die Sprachen, die sie charakterisieren, Ausleger finden, die Freude daran haben, sie hervorzuheben, und die auch ihre Bedeutung übertreiben? Dies ist kein hypothetischer Fall.

Ein großer Teil der Wurzeln enthält fast notwendigerweise drei Konsonanten: z. G. *bread* , *stone* , &c., ausgesprochen *bred* , *stôn* , &c. Das ist eine Tatsache.

In vielen Sprachen ist es nicht möglich, zwei Konsonanten, die zur gleichen Silbe gehören, unmittelbar hintereinander auszusprechen; eine Unfähigkeit, die durch die Einfügung eines dazwischen liegenden Vokals behoben wird. Der Finne muss statt *Krist entweder Ekristo* oder *Keristo sagen* . Dieses Prinzip würde im Englischen „ *bred*"in „*bered* "oder „*ebred*" und „*stôn*" in „ *estôn* " oder „*setôn*"umwandeln . Dies ist eine weitere Tatsache.

Diese beiden und die vorangegangenen sollten nun kombiniert werden. Ein großer Anteil der Wurzeln, die drei Konsonanten enthalten, kann einen Grammatiker dazu veranlassen, einen Begriff wie *Triliteralismus zu prägen* und zu sagen, dass dieser *Triliteralismus* eine bestimmte Sprache charakterisiert.

Da dann nicht nur diese Konsonanten durch dazwischenliegende Vokale voneinander getrennt sind, sondern da die Vokale selbst Veränderungen unterliegen (diese Veränderungen wirken sich auf die Betonung aus), wird der Triliteralismus noch wichtiger. Die Konsonanten sehen aus wie das Gerüst oder Skelett der Wörter, während die Vokale die modifizierenden Einflüsse darstellen. Das eine sind die *Konstanten* , das andere die *Varianten* ; und *triliteralen Wurzeln mit internen Modifikationen* wird zu einem philologischen Schlagwort, das ein einzigartiges Phänomen in der Art der Sprache darstellen soll und nicht das einfache Ergebnis von zwei oder drei gemeinsamen Prozessen, die in ein und derselben Sprache vereint sind.

Aber die Kraft des Systems hört hier nicht auf. Angenommen, wir wollten das Paradoxon feststellen, dass Englisch eine Sprache der fraglichen Art sei. Ein wenig Einfallsreichtum würde uns zu einer cleveren Taschenspielertrickserei verhelfen. Das praktische aspirate *h* — wie die Fledermaus in der Fabel von den Vögeln und Tieren im Krieg — könnte ein Konsonant sein, wenn es die Dreierkomplementierung bilden sollte, und ein Vokal, wenn es *de trop war* . Wörter wie *Mitleid könnten durch Verdoppelung des tt triliteral (trikonsonant)* gemacht werden ; Wörter wie „*pitted*", indem man es auswirft. Wenn schließlich bestritten würde, dass zwei Konsonanten notwendigerweise durch einen Vokal getrennt werden müssen, wäre es leicht zu sagen, dass zwischen solchen Lauten wie dem *n* und *r* in *Henry* , dem *b* und *r* in *bread* , dem *r* und *b* in *curb* , da war wirklich ein sehr kurzer Vokal; und dass *Henĕry* , *bĕred* , *curŭb* die wahren Laute waren; oder dass sie es vor zweitausend Jahren waren, wenn das im 19. Jahrhundert nicht der Fall war.

Lassen Sie uns das alles lehren und glauben, und wer wird nicht die Sprache isolieren, in der solche bemerkenswerten Phänomene auftreten?

All dies *wird* gelehrt und geglaubt, und folglich *gibt es* eine Sprache, oder vielmehr eine Gruppe von Sprachen, die auf diese Weise isoliert ist.

Doch die Isolation hört nicht beim Philologen auf. Auch der Anatom und der Historiker unterstützen dies. Die Nationen, die die betreffende Sprache sprechen, stehen in der Nachbarschaft der Schwarzen, sind aber selbst keine Schwarzen; und sie stehen in Kontakt mit unhöflichen Heiden; Sie selbst sind ausgesprochen monotheistisch. Auch ihre Geschichte war moralisch und materiell einflussreich; während die Schädel so symmetrisch sind wie der Schädel des berühmten georgischen Weibchens aus unserem ersten Kapitel, ihre Gesichtsfarbe hell oder rötlich ist und ihre Nasen so wenig afrikanisch sind, dass sie den Schnabel des Adlers in markanter Konvexität nachahmen. All dies übertreibt die Elemente der Isolation.

Die so isolierte Klasse oder Familie, die – wie oben erwähnt – eine reale Existenz hat, wurde passenderweise *semitisch genannt* ; ein Begriff, der die zwölf Stämme Israels und die modernen Juden umfasst, sofern sie von ihnen abstammen, die Syrer des alten und teilweise des modernen Syrien, die Mesopotamier, die Phönizier, die Assyrer, die Babylonier, die Araber und bestimmte Populationen von Äthiopien oder Abessinien.

Weitere tatsächliche oder vermutete Tatsachen haben zur Isolierung dieser bemerkenswerten und wichtigen Familie beigetragen. Die Afrikaner, die ihnen sowohl lokal als auch zivilisatorisch am nächsten standen – die Ägypter des Pharaonenreiches , die Erbauer der Pyramiden und die Hieroglyphenschreiber –, haben aufgehört, als eigenständige, substanzielle Nation zu existieren. Ihre asiatischen Grenzgänger hingegen waren entweder Perser oder Armenier.

Alles begünstigte hier die Isolation. Der Jude und der Ägypter standen von Anfang an in starkem Gegensatz, und alle unsere frühesten Eindrücke sprechen für eine Überbewertung ihrer Unterschiede. Was den Perser betrifft, so wurde er so früh in eine andere Klasse eingeordnet – eine Klasse, die aufgrund der Tatsache, dass sie angeblich auch die Deutschen, Griechen, Lateiner, Slawonier und Hindus umfasste, als Indoeuropäer bezeichnet wurde –, dass er hatte eine eigene, angemessene und besondere Stellung; und eine fast ebenso strenge Abgrenzung galt für den Armenier. Wo waren denn die Zugänge zur semitischen Familie zu finden?

Es wurden Versuche unternommen, sie mit den Indoeuropäern in Verbindung zu bringen; Ich denke erfolglos. Natürlich gab es eine gewisse Beziehung; aber daraus folgte keineswegs, dass dadurch die wirklichen Zugehörigkeiten festgestellt wurden. Da war *ein* Verbindung; Verbindung ; aber nicht *das* Verbindung . Die Gründe für diese Ansicht lagen zum Teil in gewissen zweifellosen Affinitäten zu den Persern und zum Teil in der Tatsache, dass die jüdischen, syrischen und arabischen Schädel sowie die jüdischen, syrischen und arabischen Zivilisationen unter die Kategorie der kaukasischen Zivilisationen *fielen* .

Bewusst oder unbewusst sind die meisten Autoren dieser Hypothese gefolgt – natürlich, aber rücksichtslos. Daher ist die grobe aktuelle Meinung, dass, wenn die semitischen Stämme in irgendeiner nachweisbaren Beziehung zu den anderen Familien der Erde standen, diese Beziehung bei den Indoeuropäern gesucht werden muss.

Der nächste Schritt bestand darin, die semitische Klasse in den Rang eines Maßstabs oder Maßstabs für die Verwandtschaftsverhältnisse nicht zugeordneter Familien zu erheben; und Schriftsteller, die sich mit bestimmten Sprachen befassten, fragten eher, ob diese Sprachen semitisch seien, als danach, was die semitischen Sprachen selbst seien. Sofern ich nicht den Geist verkenne, in dem viele bewundernswerte Untersuchungen durchgeführt wurden, führte dies zu der Bezeichnung „*subsemitisch*". Männer fragten nach dem Ausmaß des *Semitismus* in bestimmten Familien, als ob es sich dabei um eine substanzielle und inhärente Eigenschaft handele und nicht darum, worin *der Semitismus* selbst bestehe.

Und nun vermehrten sich *subsemitische* Sprachen; denn Subsemitismus war eine respektable Aussage über das Objekt der eigenen Aufmerksamkeit.

Der alte Ägypter galt als *subsemitisch* – Benfey und andere haben dabei gute Arbeit geleistet.

Herr Newman tat dasselbe mit dem Berber. Inzwischen handelten die Anatomen ähnlich wie die Philologen und stellten die Schädel der alten Ägypter in die gleiche Klasse wie die der Juden und Araber, so dass sie kaukasisch waren.

Aber die Kaukasier wurden in eine Art Antithese zu den Negern gestellt; und daraus entstand Unheil. Was auch immer die Ansichten jener fähigen Autoren sein mögen, die sich mit den subsemitischen Afrikanern befasst haben, wenn man sie auf Definitionen drängt, ist es nicht übertrieben zu sagen, dass sie sich in der Praxis alle so verhalten haben, als ob eine Klasse in dem Moment, in dem sie semitisch wurde, aufhörte Afrikaner sein. Sie haben alle in eine Richtung geschaut; Das ist die Art und Weise, wie gute Juden und Mohammedaner auf Mekka und Jerusalem blicken. Sie haben die Phänomene der Korrelation vergessen. Wenn Cæsar wie Pompeius ist, muss Pompeius wie Cæsar sein . Wenn sich afrikanische Sprachen dem Hebräischen annähern, muss sich ihnen auch das Hebräische annähern. Die Anziehung beruht auf Gegenseitigkeit; und es handelt sich keineswegs um Mohammed und den Berg.

Ich glaube, dass die semitischen Elemente der Berber, der Kopten und der Galla klar und eindeutig sind; mit anderen Worten, dass diese Sprachen wirklich subsemitisch sind.

In den Sprachen Abessiniens, dem Gheez und dem Tigré , die, soweit man sie überhaupt kennt, als *semitisch gelten* , durchlaufen sie das Amharische, das Falasha, das Harargi , das Gafat und andere Sprachen, in denen man gut lernen kann Dr. Bekes wertvolle Vergleichstabellen [20] in der Agow-Sprache, die eindeutig in Abessinien beheimatet ist; und dadurch in die wahren Negerklassen.

So eindeutig die semitischen Elemente des Berber-, Koptischen- und Galla- Sprachentums auch sein mögen , so eindeutig sind ihre Affinitäten zu den Sprachen des westlichen und südlichen Afrikas. Ich wäge meine Worte ab, wenn ich sage: nicht *gleich* , sondern *mehr* . Indem der afrikanische Philologe den Ausdruck für jeden Fuß im Voraus ändert, der in Richtung der semitischen Sprachen in einer Richtung gemacht werden kann, kann er in der anderen Richtung einen Meter in Richtung der Negersprachen gehen [21] .

Natürlich würden die Beweise für all dies in allen Einzelheiten einen großen Band füllen; tatsächlich würde die Erschöpfung des Themas und die Vernichtung aller möglichen und zufälligen Einwände viele erfüllen. Die Position des Autors dieses Artikels ist jedoch nicht so sehr die des Ingenieurs, der sein Wasser mit Hilfe von Pumpen auf eine höhere Anhöhe pumpen muss, sondern vielmehr die des Baggers und Goldgräbers, der lediglich künstliche Böschungen wegräumt Bisher war es ihr nicht möglich, nach den allgemeinen Naturgesetzen ihr eigenes Niveau zu finden. Er hat wenig Angst vor den Ergebnissen einer separaten und unabhängigen Untersuchung, wenn ein gewisses Maß an vorgefassten Meinungen ins Wanken geraten ist.

Um mit dem Thema fortzufahren: Die Konvergenz der Migrationslinien in Afrika ist gebrochen oder ungebrochen, klar oder undeutlich, kontinuierlich oder unregelmäßig, in etwa im gleichen Ausmaß und auf ähnliche Weise wie in Amerika. Die moralischen Gegensätze, die die Mexikaner und Peruaner boten, tauchen im Fall der Ägypter und Semitiden wieder auf . Was die Hottentotten betrifft – sie sind *vielleicht* weiter von ihren nächsten Verwandten entfernt als alle Amerikaner, wobei die Eskimo keine Ausnahme bilden; So sehr, dass sie als eine neue Art gelten könnten, wenn die Phänomene ihrer Sprache entweder geleugnet oder wegerklärt werden.

Wenn der Leser nun auf die Unterschiede zwischen den *ethnologischen* und *anthropologischen* Klassifikationsprinzipien geachtet hat, muss er auf die Notwendigkeit gewisser Unterschiede in der Nomenklatur geschlossen haben, da es kaum wahrscheinlich ist, dass die Begriffe, die zu der einen Studie passen, genau zu der anderen passen . Und das ist wirklich der Fall. Wenn das Wort „*Neger*" die Kombination von wolligem Haar mit struppiger Haut, flacher Nase, dicken Lippen, schmaler Stirn, spitzem Gesichtswinkel und hervorstehendem Kiefer bedeutet, trifft es auf Afrikaner zu, die sich so stark voneinander unterscheiden wie der Lappländer von den Samoeiden und Eskimo, oder der Engländer vom Finnischen . Es gilt für die Bewohner bestimmter Teile verschiedener Flusssysteme, *unabhängig von ihrer Verwandtschaft – und umgekehrt* . Die Neger von Kordofan sind in ihrer Abstammung den Kopten und Arabern näher als die helleren und zivilisierteren Fulahs . Sie stehen denselben auch näher als den Schwarzen Senegambias. Wenn dies der Fall ist, hat der Begriff keinen Platz in der Ethnologie, es sei denn, seine umfassende Verwendung macht es schwierig, ihn aufzugeben. Seine eigentliche Anwendung liegt in der Anthropologie, wo es sich um die Wirkung bestimmter Einflüsse auf bestimmte innertropische Afrikaner handelt, unabhängig von der Abstammung, aber nicht unabhängig von der körperlichen Verfassung. So wie Kleinwuchs und helle Haut mit der Besiedlung von Gebirgszügen einhergehen, so stimmt die Physiognomie der Neger mit der der Flussschwemmungen überein. Nur wenige Autoren sind weniger geneigt, ethnologische Unterschiede unter Bezugnahme auf eine Veränderung der physikalischen Bedingungen zu erklären als auf die ursprüngliche Unterscheidung der Arten als Dr. Daniell ; Dennoch stellt er ausdrücklich fest, dass, wenn man die niedrigen Sümpfe des Nigerdeltas verlässt und in das Sandsteinland des Landesinneren übergeht, die Haut heller wird und Schwarz zu Braun und Braun zu Gelb wird.

Von den afrikanischen Bevölkerungsgruppen, die am unmittelbarsten mit den typischen Negern der Westküste in Berührung kommen, sind die Nufi (die mit den Ibos des unteren Niger in Kontakt kommen) und die Fulahs , die über das Hochland von Senegambia bis ins Landesinnere verbreitet sind, die schönsten Sakatú und bis zur Nufi- Grenze im Süden.

Die dunkelsten der gerechteren Familien hingegen sind die Tuaricks von Wadreag , die zur Familie der Berber gehören, und die Sheyga -Araber von Nubien.

Die Nubier selbst oder die Eingeborenen des Mittleren Nils zwischen Ägypten und Sennaar sind in ihren Merkmalen tatsächlich Übergangsmerkmale zwischen den Ägyptern und die Schwarzen von Kordofan. Sie liegen also in der Sprache und offenbar auch in der zivilisatorischen Entwicklung.

Das beste Maß an diesbezüglicher Fähigkeit jener Afrikaner, die durch äußere Umstände und geographische Lage weniger begünstigt waren als die alten Ägypter , ist bei den Mandingos und Fulahs zu finden , wobei jede dieser Nationen den Mohammedaner übernommen hat Religion und ein Teil der arabischen Literatur damit. Von großen Städten gibt es in *Negerafrika mehr* als jemals zuvor in der Mongolei und der Tataren. Doch die Tataren sind weder mehr noch weniger als Türken wie die von Konstantinopel, und die Mongolen sind eng mit den industriellen Chinesen verbunden.

Dass die Einheitlichkeit der Sprachen in ganz Afrika größer ist als in Asien oder Europa, ist eine Aussage, der ich mich ohne Zögern anschließen kann.

Und nachdem ich nun die afrikanische Migration – der ich die semitischen Bevölkerungen Arabiens, Syriens und Babyloniens zuschreibe – von ihrem äußersten Ende am Kap bis zu einem Punkt gebracht habe, der so nahe am hypothetischen Zentrum wie den Grenzen Persiens und Armeniens liegt, belasse ich sie das Geschenk.

Die Engländer Englands sind nicht die ersten Bewohner der Insel. Vor ihnen waren die alten Briten. Waren das die ersten Bewohner? Wer waren die Männer, mit deren Füßen Großbritannien, bis dahin nur die Heimat der niederen Tiere, zuerst betreten wurde? Das ist ungewiss. Warum standen die Kelten möglicherweise nicht in derselben Beziehung zu einigen rohen, noch primitiveren Briten, wie die Angelsachsen zu den Kelten ? Vielleicht haben sie es wirklich getan. Vielleicht gab es sogar in den so angenommenen unhöflichen und primitiven Stämmen Ureinwohner, die sie als Eindringlinge betrachteten, die wiederum selbst Eindringlinge waren. Der Haupteinwand gegen eine solche Vermehrung der Ureinwohner ist die Regel „*de non scheinbaribus*" usw.

Aber Großbritannien ist eine *Insel* . Alles, was die Naturgeschichte der nützlichen Künste betrifft, ist so völlig unerforscht, dass niemand auch nur den Vorschlag gemacht hat, das Datum des ersten Stapellaufs des ersten Bootes auch nur annähernd anzugeben; mit anderen Worten, von der Erstbelegung eines von Wasser umgebenen Grundstücks. Der gesamte Kontinent, auf dem die ersten Protoplasten das Licht der Welt erblickten, dürfte überfüllt gewesen sein, bevor ein einziges gebrechliches Floß die erste menschliche Wanderung durchführte .

Möglicherweise blieb Großbritannien Jahrhunderte und Jahrtausende lang eine Einsamkeit , nachdem Gallien bereits voll war. Ich gehe nicht davon aus, dass dies der Fall war; aber wenn wir uns nicht vorstellen, dass das erste Kanu gleichzeitig mit der Nachfrage nach Wassertransporten gebaut wurde, kann man ebenso leicht zugeben, dass zwischen dieser Zeit und den ersten Anstrengungen der Seemannschaft eine lange Zeitspanne lag, als auch eine kurze. Daher fällt das Datum der ursprünglichen Inselbevölkerung *nicht* in die gleiche Kategorie wie das der Verteilung von Männern und Frauen über die *Kontinente* .

Auf Kontinenten müssen wir davon ausgehen, dass die Ausdehnung von einem Punkt zum anderen kontinuierlich war – und nicht nur das, sondern wir können auch so etwas wie eine gleichmäßige Diffusionsgeschwindigkeit annehmen. Ich habe gehört, dass die amerikanische Bevölkerung mit einer Geschwindigkeit von etwa elf Meilen pro Jahr körperlich von Osten nach Westen wandert.

Da ich die Aussage ausschließlich zur Veranschaulichung meines Themas verwende, ist ihre Genauigkeit nicht sehr wichtig. Um die Berechnung zu vereinfachen, sagen wir *zehn* . Bei dieser Geschwindigkeit würde ein Migrationskreis, dessen Zentrum beispielsweise im Altai-Gebirge liegt, seinen Durchmesser um zwanzig Meilen pro Jahr vergrößern, *dh* zehn Meilen an einem Ende des Radius und zehn am anderen.

Daher würde ein Punkt, der tausend Meilen vom Geburtsort der Patriarchen unserer Art entfernt liegt, seine ersten Bewohner genau hundert Jahre, nachdem sich herausgestellt hatte, dass der ursprüngliche Ort zu begrenzt war, empfangen. Bei diesem Tempo würden nur sehr wenige Jahrhunderte das Kap der Guten Hoffnung und noch weniger Lappland, die Teile um das Kap Komorin, die malaiische Halbinsel und Kamskatka bevölkern – alle Teile mehr oder weniger im Zustand extremer Punkte [22] .

Solange nun irgendwelche *kontinentalen* Enden der Erdoberfläche unbewohnt bleiben – der Strom (oder vielmehr der sich vergrößernde Migrationskreis) hat sie noch nicht erreicht – findet die *primäre* Migration statt; und wenn alle ihre Ergänzung erhalten haben, ist die *primäre* Migration beendet. Während dieser primären Wanderung stehen die Beziehungen des Menschen, der auf diese Weise in Bewegung versetzt wird und in der vollständigen, frühen und schuldlosen Ausübung seiner hohen Funktion, die Erde zu unterwerfen, mit physischen Hindernissen und nur mit dem Widerstand der niederen Tiere in Konflikt. Sofern er sich nicht – wie Lots Frau – den bevölkerten Teilen hinter ihm zuwendet , hat er keine Beziehungen zu seinen Mitmenschen – zumindest keine, die sich aus dem Anspruch einer früheren Besetzung ergeben. Mit anderen Worten: Während der primären Migration war die Welt, die vor unseren Vorfahren lag, entweder brutal oder unbelebt.

Doch bevor viele Generationen vergangen sind, ist alles überfüllt; so dass Männer ihre Grenzen auf Kosten ihrer Mitmenschen erweitern müssen. Die Migrationen, die jetzt stattfinden, sind *zweitrangig* . Sie unterscheiden sich in vielerlei Hinsicht vom Primärmodell. Sie sind langsamer, weil der Widerstand der Widerstand von Mensch zu Mensch ist; und sie sind gewalttätig, weil es um Enteignung geht. Sie sind partiell, fehlgeschlagen und führen zur Verschmelzung verschiedener Populationen; oder gefolgt von ihrer Ausrottung – je nach Fall. Alles, was wir jetzt jedoch über sie zu sagen haben, ist die Tatsache, dass sie sich vom *Primären unterscheiden* .

Bezüglich der *Sekundarstufe* Migrationen verfügen wir über ein beträchtliches Wissen. Die Geschichte erzählt uns von einigen; Die ethnologische Induktion legt andere nahe. Das *primäre* ist jedoch ein großes Mysterium. Dennoch ist es etwas, über das ständig gesprochen wird.

Ich erwähne es jetzt (nachdem ich zuvor näher darauf eingegangen bin), um eine Frage von einiger Bedeutung für die praktische Ethnologie anzusprechen. Darauf legen die Bemerkungen über die Ureinwohner Großbritanniens nahe. Wann sind wir sicher, dass die Bevölkerung eines Teils eines Kontinents *primär ist* , *also* von den ersten Bewohnern abstammt oder repräsentativ für diese ist? Niemals. Es gibt viele Fälle, in denen wir aufgrund der Geschichte, der Kontrastphänomene und anderer ethnologischer Argumente völlig davon überzeugt sind, dass dies *nicht* der Fall ist; aber keine, bei der die Beweise andersherum schlüssig sind. Gleichzeitig warnt uns die Doktrin *de non offenbaribus* davor, unnötige Verschiebungen anzunehmen.

Wenn wir jedoch zusätzlich zum Fehlen der Anzeichen einer früheren Besiedlung einen extremen Ort haben (*d. h . einen Ort,* der in einer bestimmten Richtung am weitesten vom hypothetischen Zentrum entfernt ist), haben wir *Anscheinsbeweise dafür* die Bevölkerung, die eine *primäre* Migration darstellt. Daher:-

- 1, 2. Unter den Familien des Kontinents sind wahrscheinlich die Hottentotten und Lappländer die wichtigsten.

- 3. Die Irisch-Gälen sind unter den Inselbewohnern gleich.

- in Bezug auf die Bevölkerung des asiatischen Kontinents von *größter Bedeutung* zu sein ; Allerdings waren die Vertreibungen innerhalb ihrer eigenen Gebiete beträchtlich.

FUSSNOTEN

[11] Pickering, Races of Men, S. 19.

[12] Die Araucana von Ercilla .

[13] D'Orbigny, Homme Américain .

[14] Astek bedeutet die Mexikaner des Tals von Mexiko, die die Astek - Sprache sprachen. *Mexikanisch* ist, wenn man es auf das von Cortez eroberte Königreich bezieht, eher ein politischer als ein ethnologischer Begriff.

[15] Smithsonian Contributions to Knowledge, Bd. ich .

[16] Die Indischen Inseln und Madagaskar.

[17] Nämlich. die Korana, Saab, Hottentotten und Buschmänner.

[18] Die Agow , Somauli und der Rest; einige werden sehr weit nördlich gesprochen, wie Agow und Seracolé . Diese Liste wurde vom Autor bereits in seinem Report on Ethnological Philology (Transactions of the Association for the Advancement of Science, 1847) veröffentlicht .

[19] Eine Tabelle, die dies zeigt, finden Sie in den Transactions of the British Association for 1847 usw., S. 224–228.

[20] Transaktionen der Philologischen Gesellschaft, Nr. 33.

[21] Eine kurze Tabelle der Berber- und Koptischen Sprachen im Vergleich zu den anderen afrikanischen Sprachen ist im Classical Museum und in den Transactions of the British Association usw. zu sehen. für 1846. In den Transaktionen der Philologischen Gesellschaft befindet sich eine grammatikalische Skizze der Tumali- Sprache von Dr. L. Tutshek aus München. Nun ist das Tumali eine echte Negersprache Kordofans; Während es in Bezug auf das Ausmaß, in dem seine Flexionen durch innere Veränderungen von Vokalen und Akzenten gebildet werden, den semitischen Sprachen Palästinas und Arabiens völlig ebenbürtig ist.

[22] Über Kap Hoorn wird nichts gesagt; da Amerika im Verhältnis zu Asien eine Insel ist. Es ist vielleicht auch unnötig zu wiederholen, dass sowohl die Rate als auch das Zentrum hypothetisch sind – einer oder beide können richtig sein oder auch nicht. Was *nicht* hypothetisch ist, ist die Annäherung an eine *Gleichmäßigkeit der Geschwindigkeit im Fall von Kontinenten* . Es ist schwer, sich solche Bedingungen vorzustellen, die die Besetzung von Inseln wie Madagaskar und Island durch Auswanderer aus Afrika oder Grönland auf unbestimmte Zeit aufschieben und einen Teil Afrikas oder Grönlands leer halten, während ein anderer voll ist. Daher ist die fragliche Gleichheit lediglich eine Folge des Fehlens jeglicher Bedingungen *auf den Kontinenten , die sie auf unbestimmte Zeit aufhalten könnten.* Das Ausmaß, in dem es durch andere Ursachen beeinträchtigt werden kann, ist nicht Teil der vorliegenden Frage.

KAPITEL V.

Die Ugrier von Lappland, Finnland, Permia , dem Ural und der Wolga –
Gebiet der hellhaarigen Familien – Turaner – die Kelten von Irland,
Schottland, Wales, Gallien – die Goten – die Sarmaten – die Griechen und
Lateiner – Schwierigkeiten von Europäische Ethnologie – Vertreibung –
Vermischung – Identifizierung alter Familien – Aussterben alter Familien
– die Etrusker – die Pelasgi – Isolation – die Basken – die Albaner –
Klassifikationen und Hypothesen – der Begriff Indoeuropäer – die
finnische Hypothese .

V. Von Lappland nach Nordwestasien . — Dass der Norweger von Norwegen in
bemerkenswertem Kontrast zum Lap of Finmark steht , wurde bereits
festgestellt. Daran ist nichts Wunderbares. Der Norweger ist ein
Süddeutscher und somit Angehöriger einer aufdringlichen Bevölkerung.

Bemerkenswerter ist das Ausmaß, in dem ein ähnlicher Kontrast
zwischen Lap und Finnland besteht. da beide zur selben Familie gehören.
Von dieser Familie sind die Laps ein extremer Zweig, sowohl hinsichtlich der
körperlichen Beschaffenheit als auch der geografischen Lage. Der am besten
zur Bezeichnung des betreffenden Bestands verwendete Begriff ist *Ugrisch* .
In Asien sind die Vogulen , Ostiaken , Votiaken , Tsheremis , Morduins und
andere Stämme *ugrisch* .

Die Lappen sind im Allgemeinen dunkelhäutig, schwarzhaarig und
schwarzäugig; und das gilt auch für die Majiare von Ungarn. Die anderen
Ugrier zeichnen sich jedoch dadurch aus, dass sie größtenteils eine *blonde*
Bevölkerung sind. Die Tshuvatsh haben einen hellen Teint, schwarzes und
etwas lockiges Haar und graue Augen. Die Morduins zerfallen in zwei
Divisionen, die Ersad und die Mokshad ; wobei erstere häufiger *rothaarig* sind
als letztere. Die Tsheremiss sind hellhaarig; die Vogulen und Ostiaken oft
rothaarig; Die Votiaks sind die rothaarigesten Menschen der Welt. Dazu
haben wir natürlich blaue oder graue Augen und helle Haut.

Nur wenige Autoren scheinen jemals über den außergewöhnlichen
Charakter dieser Physiognomie nachgedacht zu haben: Tatsächlich ist es
bedauerlich, dass es keinen Begriff wie „ *blanco* “ (oder „*branco*“) gibt, der
Männer bezeichnet, die heller gefärbt sind als die Spanier und Portugiesen,
auf die gleiche Weise, wie „ *Negro* “ diejenigen bezeichnet, die heller sind als
die Spanier und Portugiesen dunkler, wurde weiterentwickelt. Es ist
wahrscheinlich zu spät, dies jetzt zu tun. Auf jeden Fall sind Hautfarben wie
die des *schönen* Teils der Bevölkerung Englands ebenso außergewöhnlich wie
Gesichter in der Farbe der Schwarzen im Golf von Guinea.

Wie der Neger kommt auch der Weißhäutige hauptsächlich in bestimmten Grenzen vor; und wie *Neger ist* der Begriff *Weiß* eher anthropologisch als ethnologisch, *d . h . e.* Die betreffende Physiognomie ist über verschiedene Abteilungen unserer Spezies verteilt und deckt sich keineswegs mit ethnologischen Verwandtschaftsverhältnissen.

Neun Zehntel der hellhäutigen Populationen der Welt leben zwischen dem 30. und 65. nördlichen Breitengrad und westlich des Oby . Neun Zehntel von ihnen sind auch in den folgenden vier Familien zu finden: 1. Die Ugrianer. 2. Der Sarmaten. 3. Die Gotik. 4. Der Keltische.

Die physischen Bedingungen, die am ehesten mit dem geografischen Gebiet der *blonden* Zweige der *blonden* Familien übereinstimmen, erfordern mehr Untersuchungen, als sie gefunden haben. Von den nördlichen und südlichen Teilen unterscheidet es sich durch die deutlich spürbaren Unterschiede der Breitengrade. Die Teile östlich davon unterscheiden sich weniger deutlich; Dennoch handelt es sich eher um Steppen und Hochebenen als um vergleichsweise niedrige Waldgebiete. Der *blonde* Bereich gehört sicherlich zu den feuchteren Teilen der Welt [23] .

Dass die Ugrier zu den Türken der Tataren und Sibiriens aufsteigen – selbst eine Abteilung einer Klasse, die die großen mongolischen und tungusischen Zweige umfasst –, wurde von den meisten Schriftstellern zugegeben; Schott hat mit dem philologischen Teil der Frage die beste Arbeit geleistet.

Gabelentz hat, wie mir mitgeteilt wurde, kürzlich gezeigt, dass die *samoeidischen* Sprachen zur gleichen Klasse gehören – eine Aussage, die ich, ohne seine Gründe gesehen zu haben, durchaus bereit bin, zuzugeben.

Samoeiden gilt [24], gilt auch für zwei andere Klassen :

- 1. Die Jenisseier [24] am Oberen Jenissei ; Und

- 2. Die Yukahiri [24] am Kolyma und Indijirka .

Dies gibt uns einen großen Stamm, der praktischerweise *Turanian genannt wird* und dessen ...

- 1. Die Mongolen –

- 2. Die Tungusen – deren bekannteste Vertreter die Mantshús sind –

- Finnland- , Majiar- und andere Zweige fallen ; – zusammen mit

- 4. Die Hyperboräer oder Samoeiden , Jenisseier und Yukahiri sind Zweige.

Und dieser Bestand führt uns vom Nordkap bis zur Chinesischen Mauer.

VI. *Von Irland bis in die westlichen Teile Asiens.* – Die bereits erwähnte Regel, nämlich. dass eine Insel immer als vom nächstgelegenen Teil des nächstgelegenen Landes mit kontinentalerem Charakter als sie selbst bevölkert angesehen werden muss, sofern nicht das Gegenteil nachgewiesen werden kann, gilt für die Bevölkerung Irlands ; Vorbehaltlich dieser Ansicht müssen die Teile über den Mull of Cantyre der Ausgangspunkt der Auswanderung aus Großbritannien gewesen sein ; und der Ort der Einwanderung nach Irland muss die Provinz Ulster und die Teile gewesen sein, die Schottland am nächsten liegen.

Ich sehe keinerlei Grund, diese Doktrin zu verfeinern, da die eindeutige Tatsache, dass Schottisch und Irisch-Gälisch dieselbe Sprache sind, dies bestätigt. Allerdings stimmen auch hier, wie in so vielen anderen Fällen, Meinungen und Tatsachen keineswegs überein; und die Vorstellung, dass Schottland aus Irland und Irland aus einem anderen Land bevölkert sei, ist weit verbreitet. Die Einführung der *Schotten* Schottlands aus dem *Westen* beruht bei näherer Betrachtung fast ausschließlich auf dem folgenden Auszug aus Beda: „ procedente tempore, tertiam Scottorum nationem in parte Pictorum recepit, qui duce Reudâ de Hiberniâ progressi, amicitiâ vel.“ ferro sibimet inter eos has sedes quas hactenus habent vindicârunt; à quo videlicet duce, usque hodie Dalreudini vocantur: nam eorum linguâ *Daal* partem significat. ”

Da dies nun um die Mitte des 8. Jahrhunderts geschrieben wurde, gibt es darin nur zwei Aussagen, die als zeitgenössische Beweise gelten können, nämlich: die Behauptung, dass zur Zeit Bedas ein Teil Schottlands das Land der *Dalreudini genannt wurde* ; und dass *daal in ihrer Sprache Teil* bedeutete . Der irische Ursprung beruht also entweder auf einer *Schlussfolgerung* oder einer *Tradition* ; eine Schlussfolgerung oder eine Tradition, die, wenn sie wahr wäre, nichts über die *ursprüngliche* Bevölkerung eines der beiden Länder beweisen würde; denn hier gilt die Argumentation, die für die Beziehung zwischen der Halbinsel Malakka und der Insel Sumatra gilt. *Dort* wanderte die Bevölkerung zunächst von der Halbinsel auf die Insel und dann – sozusagen gespiegelt – wieder von der Insel auf die Halbinsel zurück. *Mutatis mutandis* war dies bei Schottland und Irland der Fall, sofern es überhaupt zu Migration kam.

In diesem Punkt können die Beweise von Beda für den Historiker ausreichend sein oder auch nicht. Für den Ethnologen ist es sicherlich unbefriedigend.

Damit unterstelle ich keineswegs die abfällige Unterstellung, der Historiker sei übermäßig leichtgläubig oder der Ethnologe sei ein Vorbild an Vorsicht. Keine der beiden Behauptungen wäre wahr. Der Ethnologe kann sich jedoch wie ein Kleinkapitalist nicht so viel Kredit leisten wie sein

Mitarbeiter auf dem Gebiet des Menschen. Er ist wie ein Reisender , der in der Abenddämmerung sein Zuhause verlässt und doppelt vorsichtig sein muss, wenn er an einen Ort kommt, an dem sich zwei Straßen treffen. Wenn er das Falsche nimmt , hat er nichts als die lange Nacht vor sich; und sein Fehler wird immer schlimmer. Aber der Historiker beginnt mit der Dämmerung der Morgendämmerung; Je weiter er geht, desto klarer findet er seinen Weg und desto leichter kann er frühere Irrtümer korrigieren. Von Ursache zu Wirkung zu argumentieren bedeutet, im trüben Licht des frühen Morgens bis zum gleißenden Mittag zu reisen. Von der Wirkung zur Ursache zu argumentieren bedeutet, die Schatten des Abends durch die Düsternis der Nacht zu ersetzen.

So wie Schottland zu Irland gehört, so verhält es sich auch zu Gallien zu England. Vom Shannon bis zur Loire und zum Rhein ist der Bestand eins; eins, aber nicht unteilbar – der britische Zweig (mit dem Walisischen) und der Gälische (mit dem Schottischen) bilden seine beiden Hauptabschnitte.

Neben den Kelten kommen die Goten; Der Begriff *Gotik* ist eine allgemeine Bezeichnung, die von einem bestimmten Volk übernommen wurde. Deutschland ist ihr Heimatland; genauso wie Gallien zu den Kelten gehörte . Daher liegen sie sowohl nördlich als auch westlich dieser Familie. Die Zweige der Gotenstämme sind aufdringlicher als alle anderen Bevölkerungsgruppen auf der Erde und haben sich mit der Hälfte aller Familien der Welt in Kontakt und Kollision gebracht. Zuerst drangen sie in die Kelten ein , und eine Zeit lang schwankte die Eroberungswelle. Der Rhein war die umstrittene Grenze – zu Caesars Zeiten ebenso umstritten wie zu unserer Zeit. Als nächstes rächten sie sich an den Aggressionen Roms; so dass die *Ostrogoten* Italien und die Visigoten Spanien eroberten . Dann kamen die Franken Frankreichs und die Angelsachsen Englands. Im neunten und zehnten Jahrhundert wendeten sich die Schneiden der deutschen Schwerter in eine andere Richtung, und Mecklenburg, Pommern, Preußen sowie Teile von Kurland, Schlesien, der Lausitz und Sachsen wurden den im Westen und Südwesten liegenden Sarmaten entrissen .

Es ist nicht ungewöhnlich, die beiden Abteilungen des großen sarmatischen Stammes in den Rang getrennter, inhaltlicher Gruppen zu erheben – unabhängig voneinander, wenn auch eng miteinander verbunden. In diesem Fall enthalten Litauen, Livland und Kurland die kleinere Abteilung, die bequem und allgemein als litauisch bezeichnet *wird* ; die Bevölkerung ist landwirtschaftlich geprägt, dürftig, im Gegensatz zu den Städten auf das Land beschränkt und in der Geschichte unbedeutend; eine Bevölkerung, die im zehnten und elften Jahrhundert unter dem Vorwand des Christentums von den deutschen Schwertrittern grausam erobert wurde – Rivalen in Raubgier und Blutvergießen mit ihren Gegenstücken im Tempel und St. John – eine Bevölkerung, die im gegenwärtigen Moment , liegt wie Eisen zwischen

Hammer und Amboss, zwischen Russland und Preußen; und die nur für einen kurzen Zeitraum, unter den Jagellonen , die zweideutigen Rechte einer dominanten und eindringenden Familie ausübte – nur für einen kurzen Zeitraum innerhalb der wahren historischen Ära . Es bleibt abzuwarten, inwieweit es in einer früheren Epoche möglicherweise mehr bewirkt hat.

Der andere Zweig ist das *Slawische* ; bestehend aus den Russen, den Serben , den Illyrern, den Slowenen der Steiermark und Kärnten, den Slowaken Ungarns, den Tscheken Böhmens und den Lekhs (oder Polen) Polens, Masowiens und Galliziens . Über die Zukunftsaussichten dieser Aktie wird viel gesagt; Die Lehre einiger fähiger Historiker ist, dass sie eine große Karriere vor sich haben, da sie die jüngsten Nationen sind – ein Begriff, der etwas schwer zu definieren ist – und bisher nur eine kleine Rolle in der Weltgeschichte gespielt haben; eine Aussicht, die glorreicher ist als die des römisch-keltischen Französisch oder des germanischen Englisch der Alten und Neuen Welt. Ich bezweifle die Schlussfolgerung, und ich bezweifle die Tatsache, auf der sie beruht. Aber dazu gleich mehr. Die sarmatischen Slavono -Litauer sind die vierte große Familie Europas. Sie liegen sicherlich in der Migrationslinie, die Irland aus Asien bevölkerte.

Südlich davon liegen zwei Zweige eines frischen Stammes, die voneinander getrennt sind und das schwierige Phänomen geographischer Diskontinuität gepaart mit ethnologischer Verwandtschaft darstellen. Getrennt von den südlichsten Slawoniern durch die beiden aufdringlichen Bevölkerungsgruppen der Walachen und Majiaren sowie durch die primitive Familie der Albaner, kommen –

- *A. Die Griechen* – und von den Slawen Kärntens und Böhmens durch aufdringliche Germanen in der Gegenwart und durch die geheimnisvollen Etrusker in der Antike getrennt – kommen –

- *B. Die Italiener.* – Wir können diese beiden Familien lateinisch oder hellenisch statt griechisch und italienisch nennen, wenn wir wollen; und da die Verteilung der Nationen am besten in den frühesten Perioden ihrer Geschichte untersucht wird, sind die früheren Begriffe die besseren.

Bevor wir uns mit der Klassifizierung dieser vier Familien – Ugrisch, Keltisch , Gotisch und Griechisch -Lateinisch – befassen können, sind einige neue Beobachtungen und bestimmte neue Fakten erforderlich.

Die Ethnologie Europas ist zweifellos schwieriger als die aller drei anderen Teile der Erde – vielleicht sogar schwieriger als die der gesamten Welt. Es hat nicht den Charakter, so zu sein – aber es ist so. Je mehr wir wissen, desto mehr können wir wissen. Obwohl Europa vom Historiker und

Antiquar illustriert wird, sind seine dunklen Löcher und Ecken durch die Beleuchtung noch deutlicher sichtbar.

Erstens hat die Tatsache, dass es die Heimat der großen historischen Nationen war, es zum Schauplatz beispielloser Vertreibungen gemacht; denn Eroberung ist der Grundpfeiler der Geschichte, und *Eroberung* und *Vertreibung* sind korrelative Begriffe. Es lässt sich zeigen, dass ein größerer Teil Europas von gemischten oder erobernden Nationen besetzt ist als anderswo – was jedoch nicht unbedingt beweist, dass die Übergriffe größer gewesen wären; aber das verleiht dem größeren Ausmaß, in dem sie aufgezeichnet wurden, mehr Bedeutung. Während wir in anderen Teilen der Welt unsere Papiere verschließen und „ *de non scheinbaribus* " usw. sagen, sind wir in Europa zu den dunkelsten Untersuchungen und den subtilsten Überlegungen gezwungen.

Wie groß ist diese Verschiebung? Die Geschichte nur einiger weniger der vielen Eroberungsnationen erzählt uns in dieser Hinsicht eine bedeutungsvolle Geschichte. Es zeigt uns, was in der vergleichsweise kurzen Zeitspanne der historischen Periode geschehen ist. Was darüber hinaus liegt, deutet es nur an.

Mit einer Ausnahme haben die Ugrier jemals unter den Übergriffen anderer gelitten, anstatt selbst Übergriffe zu sein. Aber die Ausnahme ist bemerkenswert.

Es handelt sich um die Majiare von Ungarn, die, welche Ansprüche sie auch immer auf eine ruhmreichere Abstammung stellen mögen als die, die sie mit den Lappländern und Ostiaken teilen , eindeutig Ugrier sind – keine Tscherkessen, wie vergeblich angenommen wurde, und keine Nachkommen von den Hunnen von Attila, wie vernünftiger angenommen wurde. Letzteres ist jedoch eine Annahme, die durch die hohe Wahrscheinlichkeit entkräftet wird, dass die Krieger der Geißel Gottes Türken waren.

Wie dem auch sei, ihre Ankunft in Europa erfolgte erst im zehnten Jahrhundert, da das Land, das sie verließen, die heutige Domäne der Baschkiren war.

Kelts verursachten Verdrängung ist schwer zu bestimmen. Wir hören an so vielen Orten von ihnen, dass die Familie allgegenwärtig zu sein scheint. Da ich völlig ungläubig bin, dass die Cimmerier des kimmerischen Bosporus keltisch waren, und sowohl an den Scordiskern des alten Noricum als auch an den Keltiberern des alten Spaniens zweifele, neige ich dazu, das keltische Gebiet auf seine *maximale* Ausdehnung zu beschränken, nämlich auf Venedig nach Westen und weiter die Umgebung von Rom im Süden. Aber das reicht nicht aus. Möglicherweise waren sie Ureinwohner in Teilen, in die sie *offenbar* als Einwanderer eingedrungen sind. Dies verkompliziert die Frage und macht es ebenso schwierig, das Ausmaß ihrer Eingriffe in andere zu ermitteln, wie das Ausmaß, in dem andere in sie eingegriffen haben – ein Punkt, der näher beachtet werden sollte.

Die Goten haben ihre Grenze immer weiter ausgedehnt – eine Grenze, die meiner Meinung nach einst nicht weiter als bis zur Elbe reichte [25] . Von dort bis zum Njemen drangen sie auf Kosten der Sarmaten vor – je nachdem, ob sie slawisch oder litauisch waren.

Zur Zeit des Tacitus [25] gab es mit großer Wahrscheinlichkeit nördlich des Eyder keine Goten . Seitdem wurden Dänemark, Schweden und Norwegen jedoch ihren früheren Bewohnern entrissen und sind skandinavisch geworden.

Die ugrische Familie erstreckte sich ursprünglich bis in den Süden bis zum Valdai-Gebirge. Dieser Teil ihres Gebietes ist heute russisch.

Durch die Eroberungen Roms gelangten aus dem Lateinischen abgeleitete Sprachen nach Norditalien, Graubünden, Frankreich, Spanien und Portugal, in die Walachei und Moldawien.

Dies bringt uns zu einer anderen Frage:

Vermischung. — Es ist sicher, dass die Sprache Englands angelsächsischen Ursprungs ist und dass die Überreste des ursprünglichen Keltischen unwichtig sind. Es ist keineswegs so sicher, dass das Blut der Engländer gleichermaßen germanisch ist. Ein großer Teil des Keltizismus , der in unserer Sprache nicht zu finden ist, ist sehr wahrscheinlich in unseren Stammbäumen vorhanden.

Die Ethnologie Frankreichs ist noch komplizierter. Viele Schriftsteller machen den Pariser aufgrund seiner Sprache zu einem Römer; während andere ihn aufgrund bestimmter moralischer Eigenschaften in Kombination mit dem früheren Keltizismus der ursprünglichen Gallier zu einem Kelten machen .

Spanisch und Portugiesisch sind als Sprachen Ableitungen des Lateinischen. Spanien und Portugal sind als Länder in unterschiedlichen Anteilen iberisch, lateinisch, gotisch und arabisch.

Überall auf der Welt ist Italienisch modernes Latein, doch sicherlich muss es in der Lombardei viel keltisches Blut und in der Toskana viele etruskische Vermischungen geben.

Im neunten Jahrhundert sprach jeder Mann zwischen Elbe und Njemen einen slawischen Dialekt. Mittlerweile sprechen fast alle Deutsch. Sicherlich ist das Blut weniger ausschließlich gotisch als die Sprache.

Majiar- Invasion in Ungarn als etwas anderes als eine einfache militärische Eroberung zu betrachten . Wenn dem so ist – und die Argumentation trifft auf neun von zehn Eroberungen zu –, muss die weibliche Hälfte der Abstammung der heutigen Sprecher der Majiar- Sprache die Frauen des Landes gewesen sein. Dies waren Türken, Slawen, Turkoslawen , Romanoslawen und viele andere Dinge – kurz gesagt, alles andere als Majiar .

Die Bündnersprache ist romanischen Ursprungs.

Das Gleiche gilt für die Walachei der Walachei und Moldawiens.

Dennoch muss in jedem Land die ursprüngliche Bevölkerung mehr oder weniger im Blut durch die Gegenwart repräsentiert werden.

Dies reicht aus, um zu zeigen, was unter Blutvermischung zu verstehen ist, inwieweit sie einer besonderen Untersuchung bedarf und wie viele solcher Untersuchungen in der Ethnologie Europas erforderlich sind. Tatsächlich ist es Gegenstand einer speziellen Abteilung der Wissenschaft, die bequemerweise als *Minutenethnologie bezeichnet wird* .

Identifizierung antiker Nationen, Stämme und Familien. — Wenn es Migration und Vertreibung nicht gäbe, wäre das Studium der antiken Schriftsteller eine einfache Sache. So wie es ist, ist es eine sehr schwierige Angelegenheit. Neun Zehntel der Namen von Herodot, Strabo, Cäsar , Plinius, Tacitus und ähnlichen Schriftstellern der Ethnologie und Geographie sind in den modernen Karten nicht zu finden; oder, wenn sie gefunden werden, an neuen Orten vorkommen. Dies ist der Fall beim Namen unserer eigenen Nation, der *Angli* , die heute als „Volk des *englischen Landes" bekannt sind* ; während sie in den Augen von Tacitus Deutsche waren. Andere haben nicht nur ihren Ort gewechselt, sondern sind sogar völlig ausgestorben. Das kommt natürlich häufig vor. Auch hier könnte sich der *Name* selbst geändert haben, obwohl die Bevölkerung, auf die er sich bezieht, dieselbe geblieben sein könnte, oder es könnten sich sowohl Name als auch Ort geändert haben.

All dies führt zu Schwierigkeiten, die uns jedoch nicht von ihrer Untersuchung abhalten sollten. Gleichzeitig ist die Kritik, die angewendet werden muss, von besonderer und eigenartiger Art. *Eine* der komplexeren Fragen, mit denen es sich zu befassen hat, ist die notwendige, aber vernachlässigte Vorarbeit zur *Bestimmung der Sprache, in der dieser oder jener geographische oder ethnologische Name vorkommt* ; Das ist keineswegs ein spontaner Vorgang. Wenn Tacitus von *Deutschen* oder Herodot von *Skythen spricht* , können die Begriffe *Skythen* und *Deutsch* zur Sprache des so bezeichneten Volkes gehören oder auch nicht; mit anderen Worten, es kann sich um *einheimische Namen* handeln oder auch nicht – um Namen, die den Stämmen bekannt sind, auf die der Geograph sie anwendet.

Im Allgemeinen sind solche Namen *nicht* einheimisch – eine Aussage, die zunächst gewagt erscheint; denn die *Primâ- facie-* Ansicht spricht dafür , dass der Name, unter dem eine bestimmte Nation ihren Nachbarn bekannt ist , der Name ist, mit dem sie sich selbst charakterisiert. Nennen sich unsere Nachbarn nicht *Français* , *während wir Französisch* sagen , und sind die Namen nicht identisch? In diesem speziellen Fall sind sie; aber der Fall ist ein Ausnahmefall. Vergleichen Sie es mit dem Wort „*Walisisch*" . *Walisisch* und *Wales* sind die *englischen* Namen der *Cymry* – englisch, aber keineswegs einheimisch; Englisch, aber so wenig *Walisisch* (streng genommen) wie das Wort *Indian* , wenn es auf die Red Men of America angewendet wird, ist *amerikanisch* .

Walisisch ist der Name, mit dem der Engländer seine Mitbürger des Fürstentums bezeichnet. Der Deutsche Deutschlands nennt die *Italiener* mit derselben Bezeichnung; das Gleiche, womit er auch die *Walachen kennt* – da die *Walachei* , *Wales* und *Welschland* alle aus derselben Wurzel stammen. Was für ein Fehler wäre es, alle diese drei Länder als identisch zu betrachten, nur weil sie dem Namen nach so wären! Wenn dieser Name jedoch *einheimisch wäre* , wäre dies die Schlussfolgerung. Das wichtigste Band, das sie verbindet, ist jedoch ihre gemeinsame Beziehung zu Deutschland (oder dem germanischen England); eine Verbindung, die völlig falsch interpretiert worden wäre, wenn wir den deutschen Ursprung des Begriffs übersehen und ihn fälschlicherweise auf die Sprachen der Länder bezogen hätten, auf die er Anwendung fand.

Ein Auszug aus Klaproths „Asia Polyglotta " soll diesen wichtigen Unterschied zwischen dem Namen, unter dem eine Nation sich selbst kennt, und dem Namen, unter dem sie ihrem Geographen bekannt ist, weiter veranschaulichen. Eine bestimmte Bevölkerung Sibiriens nennt sich *Nyenech* oder *Khasovo* . Aber *keiner* seiner Nachbarn nennt es so. Im Gegenteil, jeder gibt ihm eine andere Bezeichnung.

Der Obi- Ostiaks nennen *Jergan-Yakh* .

„   Tungusier   „   *Dyândal* .

„   Syraner   „   *Yarang* .

„   Woguls   „   *Yarran-Kum* .

„   Russen   „   *Samöeid* .

Was wäre, wenn ein alter Stamm so polyonym wäre ? Was wäre, wenn fünf verschiedene Autoren der Antike ihre Informationen von den fünf verschiedenen Nationen ihrer Nachbarn abgeleitet hätten ? In einem solchen Fall hätte es fünf Begriffe zu einem Objekt gegeben; Keines davon gehörte zu der Sprache, für die sie verwendet wurden.

Der Name selbst jeder antiken Bevölkerung erfordert daher eine Voruntersuchung. Und diese Namen gibt es zahlreich – in Europa mehr als anderswo.

Die Bedeutung der Populationen, auf die solche Namen zutreffen, ist in Europa größer als anderswo. Das kann man mit Sicherheit sagen; weil es einen Grund dafür gibt. Aufgrund seiner übermäßigen Vertreibung ist Europa der Teil der Welt, in dem es die besten Gründe gibt, an die frühere Existenz völlig ausgestorbener Familien oder vielmehr an die völlige Ausrottung früher existierender Familien zu glauben. Es gibt in Asien keinen Namen, der so viele Probleme aufwirft wie der der europäischen *Pelasger* und *Etrusker*.

Die mit den vorstehenden Beobachtungen einhergehenden Veränderungen und Komplikationen (und das sind nur wenige von vielen) sind das Ergebnis vergleichsweise neuer Bewegungen; der Eroberungen der letzten 25 Jahrhunderte; von Migrationen innerhalb (oder nahezu innerhalb) der historischen Periode. Die wirklich ethnologischen Phänomene , die zur Verteilung der bestehenden Familien Europas *selbst gehören, sind mindestens von gleicher Bedeutung.*

Die deutlichsten Fälle *philologischer Isolation* sind europäischer Natur; Die beiden Hauptexemplare sind die *baskische* und die *albanische* Sprache.

Die *baskische* Sprache der Pyrenäen hat die gleiche Beziehung zur alten Sprache der spanischen Halbinsel wie das heutige Walisische zur alten Sprache Großbritanniens. Es stellt es in seinen Fragmenten dar; Fragmente, deren Erhaltung auf die Existenz einer Bergfestung zurückzuführen ist, in die sich die Ureinwohner zurückziehen konnten. Mittlerweile ist dieses Baskische so isoliert, dass es auf der Welt keine Sprache mehr gibt, die mit ihm in die gleiche Klasse eingeordnet werden kann – ganz gleich, wie groß und wichtig diese Klasse auch sein mag.

Der *Albaner* ist ebenso isoliert. So sehr es sich von den griechischen, türkischen und slawischen Sprachen der Nachbarländer unterscheidet , so sehr es auch das Baskische vom Französischen, Spanischen und Bretonischen unterscheidet, so sehr weist es auch keine Fernbeziehungen auf. Es ist *nicht klassifiziert* – zumindest ist seine Stellung als Indoeuropäer zweifelhaft.

Was die pelasgischen und alten etruskischen Sprachen waren, ist ungewiss. Sie unterschieden sich wahrscheinlich so stark von den Sprachen ihrer Nachbarschaft , dass ihre Sprecher für beide Seiten unverständlich waren. Darüber hinaus könnten sie jedoch der Isolation irgendetwas oder gar nichts im Wege gestanden haben. Sie *mögen* ebenso eigenartig gewesen sein wie das Baskische und das Albanische. Andererseits waren sie *möglicherweise so unähnlich zu den griechischen und lateinischen, dass sie zu einer anderen Klasse gehörten – der Wert dieser Klasse war ungewiss.* Auch hier kann es sein, dass diese Klasse Vertreter unter den derzeit existierenden Sprachen hat oder auch nicht. Zu diesem Punkt gebe ich keine Meinung ab. Ich möchte nur die Isolation der Basken und Albaner hervorheben. Wir *wissen*, dass sich diese Sprachen so sehr voneinander und von allen anderen Sprachen unterscheiden, dass sie keiner der anerkannten Unterteilungen der ethnographischen Philologie und ihrer Klassifikationen unterliegen.

Indogermanisch . — Dies bringt uns zum Begriff *Indogermanisch* ; und der Begriff „*Indogermanisch*" bringt uns zu einem Rückblick auf die europäischen Bevölkerungen – die alle, die jetzt existieren, aufgezählt, aber alle nicht klassifiziert wurden.

I. Die Ugrier sind ein Zweig der Turaner .

Die Turaner bilden entweder eine ganze Klasse oder einen Teil davon, je nachdem, in welchem Licht wir sie betrachten; Mit anderen Worten: Die Gruppe hat einen Wert in der Philologie und einen anderen in der Anatomie. Das ist nichts Außergewöhnliches. Es bedeutet lediglich, dass ihre Sprache markantere Charaktere aufweist als ihre körperliche Konstitution.

Ich gehe jedoch zu unserer Spezifikation über:

- *A.* Die Turaner sind ihrer *körperlichen Gestalt* nach ein Zweig der *Mongolen* ; die Chinesen, Eskimos und andere, die Mitglieder ähnlicher und gleichwertiger Abteilungen sind.

- *B.* Hinsichtlich ihrer *Sprache* sind sie die höchste anerkannte Gruppe, eine Gruppe, die keiner anderen untergeordnet ist.

Um den Ausdruck dieses Unterschieds zu ändern, hat der anatomische Naturforscher der menschlichen Spezies im Wort „ *Mongolisch* " einen Begriff der Allgemeinheit verwendet, zu dem der Philologe noch nicht gelangt ist.

II. Die Griechen und Lateiner – die Sarmaten – und die Germanen sind einer höheren Gruppe zuzuordnen ; eine Gruppe von fast demselben Wert wie die Turaner .

Die Merkmale dieser Gruppe sind philologischer Natur.

- *A.* Die *Ziffern* der drei großen Abteilungen sind gleich.

- *B.* Ein großer Prozentsatz der Namen der gewöhnlicheren Objekte ist gleich.

- *C.* Die Kasuszeichen *bei* Substantiven und die *Personenzeichen* bei Verben sind gleich.

Die geografische Ausdehnung der Bevölkerungsgruppen, die auf diese Weise verbundene Sprachen sprechen (Sprachen, die sich nach der Entwicklung sowohl der Fälle von Substantiven als auch der Personen von Verben von der gemeinsamen Muttersprache trennten), war so groß, dass die Literatursprache Indiens dazu gehört Klasse in Frage. Als diese Tatsache bekannt wurde und Indien als *östliches* und Deutschland als *westliches* Ende des großen Gebiets dieser großen Sprache galt, wurde der Begriff *Indogermanisch* gebräuchlich.

Aber seine Währung war nicht von langer Dauer. Dr. Prichard zeigte, dass die keltischen Sprachen indogermanische Ziffern, einen bestimmten Prozentsatz indogermanischer Namen für die gebräuchlicheren Objekte und indogermanische persönliche Endungen von Verben hatten. Seitdem gilt das Keltische als eine feste Sprache mit einem festen Platz in der Klassifikation der Philologen; und der Begriff *Indogermanisch* [26] , der die Klasse ausdrückt, zu der er zusammen mit dem Sarmaten, dem Gotischen und den klassischen Sprachen Griechenlands und Italiens gehört, hat das ursprüngliche zusammengesetzte Indogermanisch *abgelöst* .

indoeuropäisch gemeint ist ; ein Begriff von mindestens gleicher Allgemeingültigkeit wie der Begriff *turanisch* .

- *A.* In *ihrer körperlichen Verfassung* sind die Indoeuropäer ein Zweig der höheren Klasse, die zu Unrecht und unbequem als *Kaukasier* *bezeichnet wird* .

- *B.* Sprachlich sind sie die höchste Gruppe, die bisher anerkannt wurde, eine Gruppe , die keiner anderen untergeordnet ist.

Und wir haben auch unser Maß für die Isolation der ... verbessert.

III. *Basken.* — Anatomisch handelt es sich um sogenannte *Kaukasier* . Philologisch gesehen sind sie die einzigen Mitglieder der Gruppe, zu der sie gehören, und diese Gruppe ist die am höchsten anerkannte. Sie ähneln einer Art in der Naturgeschichte, die die einzige ihrer Gattung ist, wobei die Gattung die einzige ihrer Ordnung ist und die Ordnung so unbestimmt ist, dass sie keiner höheren Klasse untergeordnet ist.

IV. *Die Albaner* sind in der gleichen misslichen Lage.

Dies ist der Zustand der Klassifikation, der uns vor allem zu dem Ehrgeiz inspiriert, höhere Gruppen zu bilden; höhere Gruppen in *der Philologie* , da wir sie in *der Anatomie* fertig haben — *d . e.* ausgedrückt durch die Begriffe mongolisch und kaukasisch. Die Schule, die auf diese Weise die bemerkenswertesten Anstrengungen unternommen hat, ist die

Skandinavische Schule. In England wird es vielleicht besser geschätzt als in Deutschland und in Deutschland besser als in Frankreich.

Ich denke, dass es in Teilen große Wahrheit enthielt. Zunächst wird es auf seiner philologischen Seite betrachtet. Rask – das größte Genie der vergleichenden Philologie, das die Welt je gesehen hat – zeigte die Keime davon in seinem Werk über die Zendavesta . Hierin lautete seine Hypothese wie folgt. Der Geologe wird ihm problemlos folgen. So wie die späteren Formationen, isoliert und unzusammenhängend, auf einem früheren und vergleichsweise kontinuierlichen Substrat der sekundären, paläozoischen oder primären Antike liegen, so sind es auch die Bevölkerungsgruppen, die keltische, gotische, slawische und klassische Sprachen sprechen. Als Eroberer und Eindringlinge, wo immer sie mit fremden Völkern in Berührung kamen, machten sie sich in einem frühen Zeitalter der Geschichte neun Zehntel Europas und einen Teil Asiens zu eigen. Aber vor ihnen lag eine Ureinwohnerbevölkerung – *vor ihnen* im Laufe der *Zeit* . Diese bestand aus mehr oder weniger miteinander verwandten Stämmen, die Europa vom Nordkap bis zum Kap Komorin und Gibraltar bevölkerten – Vorfahren der Lappländer im Norden und Vorfahren der Basken in den Pyrenäen im Süden – alle *gleichzeitig zeitkontinuierlich* . Dies war die Zeit vor der Invasion der ältesten der oben genannten Familien. Darüber hinaus war Hindostan ähnlich bevölkert; und vermutlich die Teile zwischen Nordhindostan und Europa.

So die Theorie. Schauen wir uns nun die aktuelle Verteilung an. Fast ganz Europa ist das, was man indoeuropäisch nennt, *also* keltisch, gotisch, slawisch oder klassisch. Aber das ist nicht ganz so. In Skandinavien haben wir die Laps; in Nordrussland die Finnen; an der Kreuzung von Spanien und Frankreich die Basken. Dies sind Fragmente der einst zusammenhängenden Aborigines – getrennt voneinander durch Kelten, Goten und Slawonier. Dann zu Indien. Im Dekhan gibt es eine Sprachfamilie namens Tamul – ebenfalls isoliert. Zwischen jedem dieser Punkte ist die Bevölkerung im Vergleich zu sich selbst homogen; heterogen im Vergleich zu den gerade aufgezählten Stämmen. Aber es gab einmal eine Kontinuität – auch wenn die älteren Gesteine in der Geologie miteinander verbunden sind, während die neueren getrennt sind.

Das war die Hypothese von Rask; eine Hypothese, auf die er den Beinamen „*Finnisch*" anwendete – da das Finnische von Finnland der Typ und das Beispiel dieser frühen, eingeborenen, hypothetisch zusammenhängenden und hypothetisch verbundenen Sprachen war. Die Invasion der stärkeren Indoeuropäer löste sie jedoch auf. Sei es so. Es war eine große Vermutung; auch wenn es falsch ist, ein großartiges und suggestives. Dennoch war es nur eine Vermutung. Ich möchte nicht sagen, dass keine Details ausgearbeitet wurden. Einige wenige wurden angegeben.

Punkte, die so weit entfernte Sprachen wie das Tamul und das Finn miteinander verbanden, wurden bemerkt – aber mehr als das wurde nicht getan. Dennoch war es eine Lehre, die, wenn sie sich als falsch erweisen sollte, besser war als ein Großteil der wahren Lehren. Es lehrte Forscher, wo sie nach den Verwandtschaften scheinbar isolierter Sprachen suchen sollten; und es befahl ihnen, an denen vorbeizugehen, die in der Nachbarschaft waren, und nach den Vierteln zu suchen, in denen sich andere ebenso isolierte Sprachen aufhielten.

Ich habe Rask als seinen Apostel erwähnt. Arndt, so wurde mir gesagt, war der Urheber. Die Landsleute von Rask waren jedoch diejenigen, die am meisten danach gehandelt haben.

Doch am anderen Ende griffen sie zur Waffe. Es sind die *Anatomen* und *Archäologen* Skandinaviens, die sich am meisten damit beschäftigt haben. Die Kelten haben einen eigenen Schädel, genau wie sie eine Sprache haben. Das gilt auch für die Dänen, Schweden, Norweger, Deutschen, Holländer und Engländer. Ganz zu schweigen von seinen Eigenschaften. Es genügt, dass es anders war oder sein sollte als das der Finnen und Basken. Das galt auch für die Hindus – anders als für die Tamuls . Nun enthalten die Grabstätten der verschiedenen gotischen Bevölkerungsgruppen in den heutigen Ländern Schädel mit gotischem Charakter nur bis zu einem gewissen Grad. Die *allerältesten* stehen im Gegensatz zu den ältesten Formen. Die *ältesten* sind Lap, Basque und Tamul . Sicherlich bestätigt dies – wenn es wahr ist – die philologische Theorie. Aber ist es wahr? Ich bin nicht geneigt, die bereits verwendeten Begriffe zu ändern. Es ist eine großartige und suggestive *Vermutung* .

Mehr darüber muss man derzeit nicht sagen; denn jede weitere Spekulation über die Migration (*oder Migrationen*), die Europa vom hypothetischen Zentrum in Asien aus bevölkerte, ist verfrüht. Als Vorstufe ist die Ethnologie Asiens notwendig.

FUSSNOTEN

[23] Wenn die ethnologische Medizin ausführlicher untersucht wird als bisher, wird man wahrscheinlich feststellen, dass die Populationen des betreffenden Gebiets diejenigen sind, die am stärksten von Skrofulose betroffen sind.

[24] Eine Tabelle, die dies zeigt, ist in „Varieties of Man" des Autors, S. 270–272, abgedruckt.

[25] Beide Punkte werden in der *Taciti Germania des Autors mit ethnologischen Anmerkungen* ausführlich ausgearbeitet .

[26] Für eine Kritik zu diesem Begriff siehe S. 86 – 89 .

KAPITEL VI.

Der einsilbige Bereich – das T ' hay – das M ô n und Kh ô – Tafeln – das B ' hot – das chinesische – burmesische – Persien – Indien – tamulische Familie – das Brah ú i – die Dioskurier – die Georgier – Ir ô n – Mizjeji – Lesgier – Armenier – Kleinasien – Lykier – Karer – Paropamisaner – Fazit.

UNSER Plan ist es nun, die verschiedenen Migrationslinien dort aufzugreifen, wo sie jeweils unterbrochen wurden. Dies geschah an ihren verschiedenen Kontaktpunkten mit Asien. Die erste Zeile war –

I. *Der Amerikaner.* – Wenn der Ethnologe das Amerikanische mit dem Asiatischen in Verbindung bringt, befindet er sich in der Position eines Bewässerungsorgans, der ein weites Stück durstiges Land mit Wasser versorgt, das von einer höheren Ebene stammt, aber durch künstliche Dämme von den darunter liegenden Teilen ferngehalten wird. Diese entfernt er; Sein Prozess ist einfach, aber effektiv und völlig unabhängig von der raffinierten Maschinerie von Pumpen, Wasserrädern und ähnlichen Zweigen der Hydraulik. Das Hindernis wird beseitigt, die Gravitation erledigt den Rest.

Die Überbewertung der Eskimo-Besonderheiten ist das große Hindernis in der amerikanischen Ethnologie. Wenn man diese auf das richtige Maß reduziert, ist die Verbindung zwischen Amerika und Asien nicht mehr und nicht weniger als eine der klarsten, die wir haben. Es ist sicherlich klarer als die Verbindung von Afrika und Nordwestasien; nicht dunkler als das zwischen Oceanica und der Transgangetischen Halbinsel; und unberechenbar weniger geheimnisvoll als das, was Asien mit Europa verbindet.

Tatsächlich gibt es weder philologisch noch anatomisch einen großen Bruch, bis wir die Grenzen Chinas erreichen. Dabei bleibt die physikalische Konformation weitgehend gleich, die Sprache wird jedoch *einsilbig* .

Nun legen viele tüchtige Schriftsteller so viel Wert auf diesen einsilbigen Charakter, dass sie glauben, dass die Kluft zwischen den so gebildeten Sprachen und denen, in denen wir eine Zunahme der Silben mit einem angemessenen Maß an Flexion haben, zu weit ist, um überwunden zu werden. Wenn Sprache ein Mineral wäre, könnte dies vielleicht wahr sein. Aber die Sprache *wächst* , und wenn eine philologische Tatsache besser beweisbar ist als eine andere, dann ist es die, dass eine einsilbige und nicht flektierte Sprache eine mehrsilbige und flektierte Sprache in ihrer ersten Entwicklungsstufe – oder vielmehr in ihrer Nichtentwicklung – *ist* .

Das Kamskadale , das Koriak, das Aino-Japanische und das Koreanische sind die asiatischen Sprachen, die denen Amerikas am ähnlichsten sind. Während ich diese Behauptung ohne Zögern aufstelle – eine Behauptung, für die ich zahlreiche tabellarische Vokabeln als Beweis habe –, bin ich keineswegs bereit zu sagen, dass ein Zehntel der notwendigen Arbeit für die fraglichen Teile geleistet wurde; Tatsächlich habe ich den Eindruck, dass es einfacher ist, Amerika mit den Kurilen und Japan usw. zu verbinden, als Japan und die Kurilen usw. asiatisch zu machen. Die Gruppe, die sie bilden, gehört zu einem Gebiet, in dem die Vertreibungen sehr groß waren. Die Familie Kamskadale ist fast ausgestorben. Die Koreaner, die wahrscheinlich einen großen Teil von Mantshúrien besetzten, wurden sowohl von den Chinesen als auch von den Mantshús überfallen . Dasselbe war bei den Ainos im unteren Amúr der Fall . Schließlich befand sich die gesamte nördliche Hälfte Chinas ursprünglich im Besitz von Stämmen, die wahrscheinlich den Mittelstufen ihrer chinesischen Eroberer, den Mantshú und den Koreanern, angehörten.

Dass die philologischen Affinitäten, die notwendig sind, um den asiatischen Ursprung der Amerikaner zu erkennen, irgendwo anders als auf der Oberfläche der Sprache liegen, gestehe ich. Das Folgende ist ein Beispiel für die Art und Weise, wie nach ihnen gesucht werden sollte.

Das *Yukahiri* ist eine asiatische Sprache der Kolyma und Indijirka . Vergleichen Sie seine Ziffern mit denen der anderen Stämme in Richtung Amerika. Sie unterscheiden sich. Sie sind keine Koriaken, keine Kamskadale , keineswegs Eskimos; noch nicht Kolúch . Bevor wir den Namen einer einzelnen Yukahiri- Einheit in anderen Sprachen finden, müssen wir an der Westküste Amerikas bis in den Süden vordringen, bis hin zu den Teilen rund um Vancouver Island. Dort finden wir die Hailtsa- Sprache – wobei *malúk* = *zwei* . Nun ist der Yukahiri- Begriff für *zwei* nicht *malúk* . Es ist ein Wort, an das ich mich nicht erinnere. Dennoch gibt es im Yukahiri *malúk* = *zwei* . Das Wort für *acht* ist *malúk* $\times$ die Bezeichnung für vier (2 $\times$ 4) .

Dieses Phänomen würde sich im Englischen wiederholen, wenn unsere Ziffern so lauten würden: – 1. *eins* ; 2. *Paar* ; 4. *vier* ; 8. *Zweivierer* ; In diesem Fall wären alle Argumente, die auf der Übereinstimmung oder Nichtübereinstimmung der englischen Ziffern mit denen Deutschlands und Skandinaviens basieren, genauso gültig, als ob das Wort *zwei* der tatsächliche Name der zweiten Einheit wäre. In einer Hinsicht wären sie es sogar noch mehr. Die eigenartige Art und Weise, wie die Hailtsa *Malúk* taucht im Yukahiri wieder auf und spricht schlüssig gegen die *Entlehnung* des Namens . Ob es ein *Zufall ist* , ist eine ganz andere Frage. Dies hängt davon ab, inwieweit es sich um einen einzelnen Zufall handelt oder um einen von vielen. Derzeit wird lediglich versucht, das Ausmaß zu veranschaulichen, in dem Ähnlichkeiten verschleiert werden können, und die daraus resultierende Sorgfalt, die erforderlich ist, um sie zu entdecken [27] .

II. *Die Verbindung zwischen Ozeanien und Südostasien* . – Die physische Konstitution der Malaysier entspricht so sehr der der Indochinesen, dass in dieser Hinsicht keine Schwierigkeiten bestehen. Die philologischen sind etwas schwerwiegender. Sie beinhalten den bereits angedeuteten Zweifel an den Beziehungen zwischen einer einsilbigen Sprache wie dem Siamesischen und einer anderen als einsilbigen Sprache wie dem Malaiischen.

Dies bringt uns zum großen Bereich der einsilbigen Zungen selbst. *Geografisch* bedeutet es China, Tibet, die Transgangetische Halbinsel und die Sub-Himalaya-Teile Nordindiens, wie Nepal, Sikkim, Assam, das Garo-Land und andere ähnliche Orte.

Politisch bedeutet es das chinesische, nepalesische, burmesische und siamesische Reich sowie mehrere britisch-indische und unabhängige Stämme.

Die Hauptreligion *ist* der Buddhismus; die körperliche Konformation ist eindeutig *mongolisch* .

Der Übergang vom *Einsilbigen* zum *Mehrsilbigen* hat mir nie große Schwierigkeiten bereitet, und ich glaube auch nicht, dass dies bei irgendeinem Schriftsteller der Fall sein wird, der die größeren Schwierigkeiten bedenkt, die mit seiner Leugnung verbunden sind. Welche das sind, wird deutlich, wenn wir uns die Karte Asiens ansehen und die Sprachen beobachten, die mit denen der betreffenden Klasse in Kontakt kommen. Dann wird klar, dass *es nicht nur für sich allein steht, sondern auch andere Familien isoliert, wenn wir es nicht zulassen, dass es ein verbindendes Glied bildet* . So kann die *ozeanische Familie nur über die* transgangetische Halbinsel mit der *indischen in Verbindung gebracht werden* ; eine Verbindung , die auf hinreichend guten Gründen beruht, um sorgfältige Autoren [28] zu der Annahme veranlasst zu haben, dass die Zugehörigkeit *direkt* und *unmittelbar* sei . Nur über dieselbe transgangetische Halbinsel *sowie* Tibet und China können die großen sibirischen Familien – Turaner und Japaner – in ähnlicher Weise mit dem Ozeanischen verbunden werden. Dennoch besteht ein solcher Zusammenhang tatsächlich, obwohl er aufgrund seines indirekten Charakters nur teilweise erkannt wird . Dennoch *ist es so* wird (oftmals vielleicht unbewusst) von jedem Forscher erkannt , der zögert, das Malaysische vom Mongolen zu trennen.

Eine weitaus größere Schwierigkeit ergibt sich aus den folgenden Überlegungen: – Es gibt zwei Prinzipien, nach denen Sprachen klassifiziert werden können. Nach der ersten Methode nehmen wir zwei oder mehr Sprachen, sobald wir sie finden, stellen bestimmte ihrer Merkmale fest und untersuchen dann, inwieweit diese Merkmale übereinstimmen. Zwei oder mehr Sprachen, die auf diese Weise betrachtet werden, können darin übereinstimmen, dass sie einen hohen Prozentsatz an grammatikalischen Flexionen aufweisen. In diesem Fall würden sie in bestimmten *positiven* Zeichen übereinstimmen. Andererseits können sich zwei oder mehr Sprachen in der *negativen* Tatsache einig sein, dass sie über einen kleinen und spärlichen Wortschatz und ein ebenso begrenztes Flexionssystem verfügen .

Die hier angedeutete Komplikation liegt in einer Tatsache, deren Wahrheit eine kleine Überlegung ans Licht bringen wird, nämlich. dass *negative Ähnlichkeitspunkte nichts im Wege einer ethnologischen Verbindung beweisen* ; Daher sind Siamesisch, Burmesisch, Chinesisch und Tibetisch, soweit es die Einfachheit ihrer jeweiligen Grammatik betrifft, möglicherweise ebenso wenig miteinander oder mit einer gemeinsamen Muttersprache verwandt wie die unterschiedlichsten Sprachen der gesamten Welt der Sprache .

Auch hier gilt: Daraus folgt keineswegs, dass alle Sprachen der betreffenden Familie, weil sie vergleichsweise keinen Flexion aufweisen, alle derselben Klasse angehören. Ein Merkmal dieser Art kann aus zwei Gründen entstehen; *Nichtentwicklung* oder Verlust. Es gibt ein Stadium *vor* der Entwicklung der Flexionen, in dem jedes Wort nur eine Form hat und die Beziehung durch bloße Nebeneinanderstellung mit oder ohne Hinzufügung eines Akzentwechsels ausgedrückt wird. Die Tendenzen dieser Stufe bestehen darin, Wörter in der Art der Komposition zu kombinieren, aber nicht weiter zu gehen. Jedes Wort behält durchgehend seinen eigenständigen materiellen Charakter und hat eine Bedeutung, unabhängig von seiner Gegenüberstellung mit den Wörtern, mit denen es verbunden ist.

Aber es gibt auch ein Stadium *im Anschluss* an eine solche Entwicklung, in dem Flexionen ausgelöscht wurden und Kasusendungen, wie das *i* in *patri- i* , *durch Präpositionen (in einigen Fällen durch Postpositionen) wie to* in *to Father* ersetzt werden ; und wenn persönliche Endungen, wie das *o* in *voc -o* , durch Pronomen ersetzt werden, wie das *I* in *I call* . Von der *ersten* dieser Stufen ist das Chinesische die Sprache, die das typischste Exemplar liefert, das in der gegenwärtigen *Spätzeit* der Sprachen zu finden ist – *spät* , wenn man bedenkt, dass wir nach einer Probe ihrer frühesten Formen suchen. Von der *letzten* dieser Stufen bietet das Englische des Jahres 1851 das typischste Exemplar, das in der gegenwärtigen *Frühzeit* der Sprache zu finden ist – früh, wenn man bedenkt, dass wir nach einer Probe ihrer neuesten Formen suchen.

Somit-

- *A.* Inwieweit sich die verschiedenen einsilbigen Sprachen *alle* im gleichen Stadium befinden, ist eine Frage.

- *B. Ob dieses Stadium das frühere oder das spätere ist*, ist ein anderes; Und-

- *C. Ob sie sowohl durch Beziehungen* als auch in *äußerer Form* verbunden sind, ist ein Drittes.

Als Antwort darauf kann man mit Sicherheit sagen (*a.*), dass sie *alle* nicht flektiert sind, da Flexionen noch entwickelt werden müssen; nicht, weil sie sich weiterentwickelt haben und verloren gegangen sind – wie es beim Englischen der Fall ist, einer Sprache, die am einen Ende der Skala steht, genau wie das Chinesische am anderen.

(*b.*) Sie sind außerdem alle durch eine *echte ethnologische* Beziehung verbunden; wie aus zahlreichen Tabellen hervorgeht; Die Chinesen und die Tibeter sind offenbar die beiden Extreme, was den Unterschied angeht.

Was ihre geografische Verteilung angeht, handelt es sich um eine Lotterie, bei der große und kleine Gebiete nebeneinander und kontrastiert sind, genau wie es in Amerika und Afrika der Fall war; Die Sub-Himalaya-Teile von Britisch-Indien, Sikkim und Nepal sowie die indisch-burmesische Grenze (oder das Land um Assam und Munipúr) sind die Gebiete, in denen die Vielfalt gegenseitig unverständlicher Sprachen innerhalb eines begrenzten Bezirks am größten ist.

Immer wenn die letztere Verteilung auftritt , haben wir entweder Bergfestigkeit, politische Unabhängigkeit oder das primitive heidnische Glaubensbekenntnis – im Allgemeinen alle drei.

Die Bevölkerung, die eine einsilbige Sprache spricht und in unmittelbarem Kontakt mit den kontinentalen Stämmen des ozeanischen Stammes steht, sind die Südsiamesen. Dies reicht bis zur Nordgrenze von Kedah (Quedah), etwa 8° N. L. Alles nördlich davon ist einsilbig; mit Ausnahme einer malaiischen Siedlung (wahrscheinlich, wenn auch nicht sicher, jüngeren Ursprungs) an der Küste von Kambogia .

Nun heißt der große Stamm, zu dem die Siamesen gehören , T'hay . Seine Richtung verläuft von Norden nach Süden und stimmt mit dem Lauf des großen Flusses Menam überein ; jenseits der Quellflüsse reichen die T'hay - Stämme bis nach Assam. Von diesen nördlichen T'hay **sind** die *Khamti* am zahlreichsten; und es ist wichtig zu wissen, dass bis zu 92 von 100 Wörtern in diesem Dialekt und im klassischen Siamesischen von Bankok vorkommen .

Auch hier sprechen die Zwischenstämme des oberen und mittleren Menam – die Lau – eine ebenso eindeutig siamesische Sprache wie die Khamti . Wenn dem so ist, ist die T'hay - Sprache, die sich in der jeweiligen Nord-Süd-Richtung weit ausdehnt, eine Sprache, die in nur wenige Dialekte fällt; Die Schlussfolgerung daraus ist, dass es sich in vergleichsweise kurzer Zeit ausgebreitet hat. Infolgedessen hat es bestimmte andere Bevölkerungsgruppen übergriffen und bestimmte Vertreibungen bewirkt.

Ich denke, dass wir selbst in den kleinsten Details, die uns jetzt auffallen, unseren Weg erkennen können; Zumindest soweit, um festzustellen, in welche Richtung die Bewegung stattfand – ob von Norden nach Süden oder von Süden nach Norden.

Nur wenige Sprachklassen können für ethnologische Zwecke besser untersucht werden als die einsilbige. Ein Artikel von Buchanan und ein anderer von Leyden gehören zu den wertvollsten Artikeln der Asiatic Researches. Einer von Herrn Browns im Journal of the Asiatic Society of Bengal gibt uns zahlreiche tabellarische Vokabulare für die burmesischen, assamesischen und indischen Grenzen. Herr Hodgson und Dr. Robertson haben für die gleichen Teile noch mehr getan. Schließlich sind die wichtigsten südlichen Dialekte, die weniger untersucht wurden, im zweiten Band von „ Crawfurd's Embassy to Siam" tabellarisch aufgeführt.

Wenn wir diese durchsehen, finden wir Exemplare der beiden Sprachen, die östlich und westlich des südlichen Siamesischen liegen; Die erste ist die *Khô*- Sprache von Kambogia und die zweite die *Môn* von Pegu . Jedes davon wird in einem kleinen Bereich gesprochen; Tatsächlich weicht das Môn , das derzeit fast auf das Delta des Irawaddi beschränkt ist, schnell den vordringenden Dialekten der burmesischen Klasse, während das Khô von Kambogia ebenfalls auf den unteren Teil des Mekhong beschränkt ist und dies auch tut eingekesselt von den Siamesen, den Lau und den Anamiten von Cochin China.

Nun, so getrennt wie sie sind, sind Môn und Khô einander ähnlicher als einer der beiden zu den benachbarten Siamesen; Die Schlussfolgerung daraus ist, dass sie einst durch Übergangs- und Zwischendialekte verbunden waren, die im unteren Menam beheimatet waren , jetzt aber durch die Siamesen von Bankok verdrängt wurden , die aus den nördlich gelegenen Teilen eingeführt wurden.

Wenn dies der Fall ist, ist die einsilbige Sprache, die am engsten mit denen der malaiischen Halbinsel verwandt ist (die *nicht* einsilbig sind), nicht das heutige Siamesische, sondern die Sprache, die das heutige Siamesische verdrängt hat.

Inwieweit diese Ansicht durch besondere Verwandtschaften der malaiischen Dialekte mit Môn und Khô bestätigt wird , kann ich nicht sagen. Die Prüfung sollte jedoch erfolgen.

Die *südlichen* T ' hay- Dialekte sind nicht nur den M ô n und Kh ô weniger ähnlich, als aufgrund ihrer Lokalität zu erwarten wäre, sondern die *nördlichen* Dialekte ähneln auch denen der indisch-burmesischen Grenze und von Assam weniger, als die geografische Nachbarschaft uns vermuten lässt; da der Prozentsatz der gemeinsamen Wörter im Khamti und den anderen Dialekten von Munipur und Assam nur wie folgt ist [29] .

Siamese.	Khamti .			
0	1	Prozent.	mit dem	Aka.
0	1	,,	,,	Abor.
3	5	,,	,,	Mischimi .
6	8	,,	,,	Birmanisch.
8	8	,,	,,	Karien .
3	3	,,	,,	Singapur .
10	10	,,	,,	Jili .
1	3	,,	,,	Garo.
3	3	,,	,,	Munipuri .
1	1	,,	,,	Songphu .
0	0	,,	,,	Kapwi .
1	1	,,	,,	Koreng .
0	0	,,	,,	Maram .
0	0	,,	,,	Kamphung .
0	0	,,	,,	Luhuppa .
0	0	,,	,,	Nord- Tankhul .
0	0	,,	,,	Zentrales Tankhul .
0	0	,,	,,	Süd- Tankhul .
0	0	,,	,,	Khoibu .
0	0	,,	,,	Maring .

östlicher als auch in *nördlicher Richtung* zu suchen ist .

Auch wenn die T'hay - **Dialekte den** Burmesischen weniger ähneln als die meisten anderen Mitglieder ihrer Klasse, ähneln sie doch eher den B'hot **-Dialekten** Tibets .

Englisch	Boot.
Ahom	*ru* .
Khamti	*Hu.*
Lau	*heic.*
Siamese	*reng.*
W. Tibetisch [30]	*gru* .
Südtibetisch [30]	*kua.*

Englisch	Knochen.
Khamti	*Nuk* .
Lau	*duk.*
Siamese	*ka-duk.*
Südtibetisch	*Ruko.*

Englisch	Krähe.
Ahom	*ka.*
Khamti	*ka.*
Lau	*ka.*
Siamese	*ka.*
W. Tibetisch	*kha-ta.*

Englisch	Ohr.
Khamti (3)	*hú* .
W. Tibetisch	*sá* .
Südtibetisch	*amcho.*

Englisch	Ei.
Ahom	*khrai* .
Khamti	*khai* .
Lau	*khai.*

Siamese   *khai.*

Englisch   Vater.

Ahom (3)   *po.*

W. Tibetisch   *phá .*

Südtibetisch   *pálá.*

Englisch   Feuer.

Ahom (3)   *fai .*

W. Tibetisch   *má .*

Südtibetisch   *Mich.*

Englisch   Blume.

Ahom   *Block .*

Khamti   *mok .*

Lau   *dok.*

Siamese   *dokmai.*

W. Tibetisch   *me-tog.*

Südtibetisch   *Männer-Tok.*

Englisch   Fuß.

Ahom   *Zinn.*

W. Tibetisch   *r kang -pa.*

Südtibetisch   *Kango.*

Englisch   Haar.

Ahom   *Phrum .*

Khamti   *Phom .*

Lau   *phom.*

Siamese   *phom.*

W. Tibetisch   *skra .*

———   *spu .*

Südtibetisch   *ta.*

———   *Kra.*

Englisch   Kopf.

Ahom   *ru .*

Khamti   *ho.*

Lau   *ho.*

Siamese   *hoa.*

W. Tibetisch   *mgo .*

Südtibetisch   *gehen.*

Englisch   Mond.

Siamese   *Tawan.*

W. Tibetisch   *z Lava .*

Südtibetisch   *dawa.*

Englisch   Mutter.

Ahom (4)   *Mich.*

Tibetisch   *Ama.*

Englisch   Nacht.

Khamti (3)   *khün .*

W. Tibetisch   *m tshan -mo.*

Südtibetisch   *chen-mo.*

Englisch   Öl.

Ahom   *Mann grá .*

Khamti   *nam .*

———   *Mann.*

Lau (2)   *nam.*

———   *Mann.*

Südtibetisch   *Num.*

Englisch   Straße.

Ahom (2)   *Seetang .*

Siamese   *tháng.*

W. Tibetisch   *lami* .

Südtibetisch   *lani.*

Englisch   Salz.

Ahom   *klu* .

Khamti   *ku* .

Lau   *keu.*

———   *keou.*

Siamese   *kleua.*

Englisch   Haut.

Ahom   *plek* .

W. Tibetisch   *pag -spa.*

Südtibetisch   *pag-pa.*

Englisch   Zahn.

Ahom   *khiu* .

Khamti   *khiu* .

Lau   *khiau.*

Siamese   *khiau.*

Tibetisch   *Also.*

Englisch   Baum.

Ahom   *tun.*

Khamti   *tun.*

Lau   *Tonne.*

Siamese   *Tonne.*

W. Tibetisch   *l. Jon -shing.*

Südtibetisch   *Shin-Dong.*

Englisch   drei.

Ahom (3)   *Sam.*

W. Tibetisch   *q-Summe.*

Südtibetisch   *Summe.*

Englisch vier.

Ahom (3) *si* .

W. Tibetisch *bzhi* .

Südtibetisch *zhyi.*

Englisch fünf.

Ahom (3) *Ha.*

W. Tibetisch *hna* .

Südtibetisch *gna.*

Englisch sechs.

Ahom *Ruk* .

Siamesisch (3) *hok.*

W. Tibetisch *druk* .

Südtibetisch *Du.*

Englisch neun.

Ahom (3) *kau.*

W. Tibetisch *d- gu* .

Südtibetisch *puh.*

Englisch in, auf.

Ahom *nu.*

Khamti *nau* .

Lau *neu.*

Tibetisch *la, na.*

Englisch Jetzt.

Ahom *tinai* .

Khamti *tsang* .

Lau *Länge.*

W. Tibetisch *deng-tse* .

Südtibetisch *thanda.*

Englisch	morgen.
Ahom	*sang- manai .*
Tibetisch	*gesungen.*
Englisch	trinken.
Siamese	*deum.*
W. Tibetisch	*p thung.*
Südtibetisch	*ding.*
Englisch	schlafen.
Ahom (2)	*nicht.*
W. Tibetisch	*Nyan .*
Südtibetisch	*naja.*
Englisch	lachen.
Ahom	*khru .*
Khamti	*khó .*
Lau	*khóa.*
Siamese	*Hurra.*
W. Tibetisch	*Gott sei Dank .*
Südtibetisch	*ʃ gá.*

[30] S. bedeutet das *gesprochene* , W. das *geschriebene* Tibetisch. Die Zusammenstellung erfolgte anhand einer Tabelle von Herrn Hodgson im Journal of the Asiatic Society of Bengal. Das Ahom ist ein T'hay - Dialekt .

Das B'hot selbst wird über ein großes Gebiet **mit** wenig Variation gesprochen. Wir nehmen die Schlussfolgerung vorweg. Es handelt sich um eine aufdringliche Sprache mit vergleichsweise neuer Verbreitung. Welche Richtung hat es eingeschlagen? Von Ost nach West statt von West nach Ost; Zumindest ist dies die Schlussfolgerung aus seiner Ähnlichkeit mit dem T'hay und aus der Vielzahl von Dialekten – Vertretern einer zurückgehenden Bevölkerung – im Himalaya von Nepal und Sikkim. Dies ist jedoch ein Punkt, zu dem ich zögernd spreche.

Dialekte der B'hot - Klasse werden bis in die Gegend um Cashmír und die Wasserscheide von Indus und Oxus im Westen gesprochen . Damit haben wir von allen eindeutig einsilbigen Sprachen die größte Ausdehnung nach Osten.

Die Chinesen scheinen sowohl hinsichtlich der Breite als auch der Länge ebenso bemerkenswerte Verschiebungen vorgenommen zu haben wie die T'hay hinsichtlich der Länge . Durch den aufwändigen Prozess gelangen wir an ihren ursprünglichen Standort. An der Nord- und Westgrenze dringen sie gegenwärtig weiter vor – auf Kosten der Mantshús und Mongolen. Für die Provinzen Chansi , Petche - li, Chantung , Honan usw., ja für vier Fünftel des gesamten Reiches, deutet die Einheitlichkeit der Sprache auf eine neuere Verbreitung hin. In Setshuen und **Yunnan ändert sich** der Typ wahrscheinlich von dem der echten Chinesen zum Tibeter, T'hay und Burmesen. In Tonkin und Cochin ist die Sprache ähnlich, aber anders – ähnlich genug, um die einzige einsilbige Sprache zu sein, die von irgendjemandem in die gleiche Sektion mit dem Chinesischen gestellt wird , aber unterschiedlich genug, um diese Position für viele zweifelhaft zu machen. Alles in allem scheinen die südlichen und südöstlichen Provinzen Chinas die ältesten Teile des heutigen Gebiets zu sein.

Bei der Festlegung auf diese als die übergeordneten Provinzen stimmen die Beweise der Ethnologie einerseits und die der Masse an Traditionen und Schlussfolgerungen, die unter dem ehrenvollen Titel chinesischer Geschichte geführt werden, andererseits nicht überein. Letzteres lautet wie folgt:

Irgendwann vor 550 v. Chr. herrschte der erste Monarch, mit dem der Aufschwung Chinas begann und dessen Name Yao war, über einen kleinen Teil des heutigen Reiches, nämlich über China . sein *nordwestlicher* Bezirk; und die ersten Nationen, gegen die er kämpfte, waren die Yen und Tsi , jeweils in Petche - li und Shantong .

Noch später wurde Honan erobert.

Chr. 550. Der gesamte Süden des Takeang war barbarisch; und der Titel des Königs von China war nur *Vang* oder *Prinz*, nicht *Hoang-te* oder *Kaiser*.

Zu dieser Zeit lebte Konfuzius. Er verfasste unter anderem die *Tschan-tsen* , die Annalen seiner Zeit.

Chr. 213. Shi- hoang - ti , der erste Kaiser von ganz China, baute die Große Mauer, kolonisierte Japan, eroberte die Gebiete um Nankin und *zerstörte absichtlich alle zuvor existierenden Dokumente, auf die er Zugriff hatte* .

Chr. 94. Sse -mats- sian lebte. Was Shi- hoang - ti an Aufzeichnungen vermisste, bewahrte Sse -mats- sian und gilt als solches für das Herodot-China.

Eine Zerstörung der früheren Aufzeichnungen mit anschließender Rekonstruktion der Geschichte, die sie verkörpert haben sollen, ist immer verdächtig; und wenn das Prinzip der Rekonstruktion erst einmal anerkannt wird, kann der intrinsischen Wahrscheinlichkeit einer Erzählung kein Wert beigemessen werden. Es kann wahrscheinlich sein. Es mag wahr sein. Es kann jedoch nicht historisch sein, es sei denn, es wird durch historische Zeugnisse gestützt; denn wenn es wahr ist, handelt es sich um eine Vermutung; und wenn möglich, ein Beispiel für das Fingerspitzengefühl des Erfinders. Bestenfalls kann es sich nur um eine *Überlieferung* oder eine *Schlussfolgerung handeln*, deren Grundlage eine bestimmte Menge an Tatsachen sein kann – kleine oder große, je nach dem Temperament des Forschers.

günstigen Gesichtspunkt dargestellt. Sie scheinen wahr zu sein – und zwar so sehr, dass wir, wenn wir Grund zu der Annahme hätten, es gäbe irgendeine Möglichkeit, sie bereits in einer Epoche wie 600 Jahre v. Chr. aufzuzeichnen und sie bis ins Jahr 1951 zu bewahren Skepsis wäre unverschämt. Dies ist jedoch nicht der Fall. Eine historische Tatsache muss auf der Grundlage von Beweisen und nicht auf der Grundlage von Wahrscheinlichkeiten gewertet werden. und wenn man die Antike einer Zivilisation wie der Chinesen anhand der Antike ihrer Geschichte argumentiert und anschließend auf der Grundlage einer frühen Zivilisation einen historischen Wert für entfernte Traditionen beansprucht, heißt das, im Kreis zu argumentieren.

Ohne zu sagen, dass *alle* Argumente zum Alter des Chinesischen Reiches von dieser Art sind, kann man durchaus sagen, dass *vieles* davon so war – so sehr, dass Konfuzius zu einer ebenso mythologischen Figur wie Minos wurde und die frühesten vernünftigen Aufzeichnungen vorgelegt wurden zu einer Epoche nach der Einführung des Buddhismus aus Indien. Selbst dieses Alter ist nur wahrscheinlich.

Ein quadratischer Landblock zwischen Ganges und Ober- Irawaddi wird von einem dominanten und mehr als dreißig untergeordneten Teilen ein und derselben Bevölkerungsgruppe bewohnt – den *Burmesen*. Einige von ihnen sind Bergsteiger und haben sich vor den Indianern aus dem Süden und Westen zurückgezogen, die in die ursprünglich burmesischen Länder Assam, Chittagong und Sylhet eindrangen. Andere sind selbst Eindringlinge oder (was im Großen und Ganzen dasselbe ist) Konsolidierer eroberter Länder. Dies sind die Avans des Burmesischen Reiches, die eigentlich so genannt werden und offenbar dem Kurs der Irawaddi gefolgt sind und nicht nur kleine, mit ihnen verwandte Stämme, sondern auch die Môn von Pegu verdrängt haben. Schließlich ahmen die Kariens das T' hay in der Länge ihres Gebiets und in seiner Nord-Süd-Richtung nach und kommen im südlichen Teil der Tenasserim-Provinzen (in 11 ° N) vor. L.) und an den äußersten Grenzen Chinas (in 23 ° N. L.).

Bei keiner großen Familie stimmt die Verteilung so eng mit einem Wassersystem überein wie bei der fraglichen. Das Plateau der Mongolei und der Himalaya sind seine Grenzen. Es umfasst die Gesamtheit aller Flüsse, die innerhalb dieser Grenzen entspringen und entweder in den Golf von Bengalen oder in das Chinesische Meer münden; während es (mit Ausnahme der Himalaya-Teile des Indus und des Ganges) keinen der anderen einnimmt. Die Migrationslinien der indochinesischen Bevölkerung folgten im Allgemeinen den Wasserläufen der indochinesischen Flüsse; und die Zivilisation blühte hauptsächlich entlang ihrer Täler. Doch da diese zu einem Ozean führen, der von keinem neuen Kontinent unterbrochen wird, hat ihre Führung zur Folge, dass die Nationen, die sie besitzen, isoliert werden. Ich stelle mir vor, dass dies viel mehr mit den Besonderheiten der chinesischen Zivilisation zu tun hat als mit irgendetwas anderem. Wäre der Hoang-ho in ein Meer wie das Mittelmeer gefallen, hätte das Himmlische Reich wahrscheinlich gesellschaftlichen und politischen Einfluss genommen, auf die Sitten der Welt als Ganzes eingewirkt und selbst darauf reagiert . Unterschiede sollten nur einer so unbestimmten und ungreifbaren Kraft wie *der Rasse zugeschrieben werden* , wenn alle anderen Dinge gleich sind.

Nach dem Prinzip, die Fragen in der Reihenfolge ihrer Komplexität zu betrachten, um die einfachste zuerst zu klären, übergehe ich vorerst die Verbindung zwischen Afrika und Südwestasien und nehme die einfachere der beiden europäischen.

Die Turaner . – Die Linie, die in Lappland beginnt und, nachdem sie die großen turanischen Verbindungen gezeigt hat, an der Mauer Chinas endet und die Ugrier, Samoeiden [32] , Jenisseier [32] , Yukahiri [32] , Türken, Mongolen und Tungusen umfasst [33] ist je nach verwendetem Kriterium in unterschiedlichem Klarheitsgrad mit dem Bereich der einsilbigen Sprachen verbunden. Die körperliche Konformation ist nahezu identisch. Die Sprachen unterscheiden sich – das Turanische ist wie das Ozeanische und das Amerikanische flektiert und mehrsilbig [34] . Mit diesem Unterschied beginnt und endet die Komplexität der Zugehörigkeit. Ihre Menge wurde bereits vorgeschlagen.

Ein großer Teil Nordeuropas, der Unabhängigen Tataren, Sibiriens, der Mongolei, Tibets, Chinas und der Transgangetischen Halbinsel ist inzwischen entsorgt. Dennoch bleiben Indien, Persien, Kleinasien und der Kaukasus bestehen; in der Größe unbedeutend, im Schwierigkeitsgrad groß – sehr schwierig, weil die Berührungspunkte zwischen Europa und Asien sowie Afrika und Asien in dieses Gebiet fallen; sehr schwierig, da die Verschiebungen enorm waren; sehr schwierig, da es neben der Verdrängung auch zu Vermischungen kam. Damit niemand Wenn er die Vertreibung unterschätzt , sollte er sich Kleinasien ansehen, das heute türkisch ist, das römisch, persisch und griechisch war und in seiner gesamten Länge und

Breite keinen einzigen eindeutigen Überrest seiner ursprünglichen Bevölkerung aufweist. Doch so großartig das auch ist, es ist nicht mehr als das, was wir *a priori erwarten* . Welche Familien sind und waren stärker eingreifend als die Bevölkerung hier – Türken aus dem Norden, Araber aus dem Süden und Perser aus dem Osten? Hier liegen die ältesten Reiche der Welt – und alte Reiche bedeuten eine frühe Konsolidierung; frühe Konsolidierung, vorzeitige Verdrängung. Dann kommen die Phänomene der Vermischung. In Indien gibt es eine Literatursprache von beträchtlichem Alter und voller Flexionen. Von diesen Flexionen ist nicht jeder zehnte in einer modernen Sprache in ganz Asien zu finden. Dennoch sind sie in vielen europäischen Ländern weit verbreitet und verbreitet. Auch hier sind die *Wörter* derselben Sprache, *abgesehen von* ihren Flexionen, in genau den Sprachen, in denen die Flexionen fehlen, weit verbreitet und verbreitet; in einigen Fällen bis zu neun Zehntel der Sprache. Was ist die Schlussfolgerung daraus? Jedenfalls nicht ganz klar.

Afrika hat nur einen Berührungspunkt mit Asien, *nämlich* Arabien. Das kann man mit Sicherheit sagen, denn unabhängig davon, ob wir die Wanderung über die Landenge von Suez oder die Straße von Babel-Mandeb durchführen, sind die Ergebnisse ähnlich. Der asiatische Stamm ist in beiden Fällen derselbe – semitisch. Aber Europa hat neben seinen anderen Geheimnissen noch zwei; vielleicht drei. Eines davon ist recht einfach – das der Lap-Linie und des Turanian- Schafts. Aber die anderen sind nicht so. Es ist leicht, die Ugrier asiatisch zu machen; aber es ist keineswegs einfach, die anderen Europäer mit den Ugriern in Verbindung zu bringen. Die ihnen geografisch am nächsten stehenden Sarmaten waren nie sehr erfolgreich mit ihnen verbunden. Tatsächlich waren die Autoren so wenig bereit , diesen Zusammenhang anzuerkennen, dass die finnische Hypothese in all ihrer Kühnheit als die bessere Alternative erschien. Doch die finnische Hypothese ist nur eine Vermutung. Auch wenn es nicht so ist, umfasst es nur die Basken und Albaner; so dass die sogenannten Indoeuropäer immer noch dastehen.

Aus Gründen wie diesen werden die folgenden Teile weitaus ausführlicher behandelt als die vorangegangenen; mit nichts im Vergleich zu den Details einer *winzigen* Ethnologie, aber dennoch langsam und sorgfältig.

Alles, was somit noch zur Untersuchung übrig bleibt, wird von dem Gebiet, das bereits durch die Gebirgskette zerstört wurde, die von den Garo-Hügeln im Nordosten Bengalens bis zur Mündung des Kuban ins Schwarze Meer verläuft, getrennt. Zuerst kommt der östliche Himalaya, der, grob gesagt, die indischen Königreiche und Abhängigkeiten vom chinesischen Reich trennt. Sie tun dies zwar nicht genau, aber für den vorliegenden Zweck genau genug.

In gleicher Weise kann man auch sagen, dass sie die Nationen der Hindus von denen mit eher typisch mongolischer Konformation unterscheiden.

Man könnte auch sagen, dass sie in gleicher Weise die indischen Sprachen von den einsilbigen unterscheiden.

Auf der *Nordseite* dieses Verbreitungsgebiets werden zweifellos einsilbige Sprachen bis nach Klein-Tibet im Westen gesprochen. Im *Süden* gibt es zahlreiche und zweifellos hinduistische Merkmale bis in die gleiche Richtung wie *Cashmír*.

Dann kommt eine Veränderung. Nördlich und westlich von Cashmír liegt ein *Kohistan* oder *Gebirgsland*, das bald einer ausführlichen Beschreibung bedarf. Die Linie, mit der wir uns derzeit befassen, ist jedoch die der nördlichen Grenze des Tals des Flusses Kabúl, der Berge zwischen Cabul und Herat und der Fortsetzung desselben Bergrückens von Herat bis zur südöstlichen Ecke des Flusses Kaspisch. *Nördlich* davon haben wir – grob gesagt – die usbekischen und turkmenischen Türken; südlich davon die eigentlichen Afghanen und Perser. Buchara ist jedoch persisch, und das betreffende *Kohistan ist kein* Türke – was auch immer es sonst sein mag.

Um fortzufahren: Diese Linie verläuft nahezu parallel zum Südufer des Kaspischen Meeres. Von den Provinzen nördlich davon ist Asterabad teilweise türkisch und teilweise persisch; Mazenderan und Ghilan, Perser. Von Ghilan nach Norden und Westen bilden die Täler des Cyrus und des Araxes die größte Ausnahme – aber abgesehen von diesen ist alles Berg- und Bergsteigertum. Tatsächlich sind es Ararat und Armenien, die zu unserer Linken liegen, und der weite und unbestimmte Kaukasus, der sich vor uns erhebt.

Die einfachste Ethnologie der Teile zwischen diesem Gebirge, dem semitischen Gebiet und dem Meer ist die der persischen Provinz Khorasan. Mit Persien verbinden wir so sehr Vorstellungen von orientalischem Prunk und Luxus, dass wir kaum in der Lage sind, ihm die wahren geographischen Bedingungen allgemeiner Sterilität zu geben. Dabei handelt es sich in Wirklichkeit um eine Wüste mit Oasen – eine Wüste mit Oasen auf dem weitaus größten Teil ihrer Fläche. Und von all seinen Provinzen gibt es nur wenige, die dies wahrer tun als Khorasan. Hier haben wir ein großes erhöhtes zentrales Hochplateau; überwiegend ohne Flüsse; und mit nur wenigen Städten. Von diesen ist Yezd das wichtigste: das Hauptquartier der Überreste der alten Feueranbetung: Yezd, die Stadt der Parsen, dort zahlreicher als in allen anderen in Persien. Vielleicht ist es auch das ethnologische Zentrum des persischen Stammes; denn in westlicher Richtung erstrecken sie sich bis nach Kurdistan und in nordöstlicher Richtung bis nach Badukshan und Durwaz an der Quelle des Oxus.

Die nördliche Grenze ist Turkmenistan, wo die Hirtenräuber aus den Teilen zwischen Buchara und dem Kaspischen Meer vordringen und vordringen.

So weit südlich wie Shurukhs sind sie zu finden; und östlich von Shurukhs werden sie von den Hazarehs abgelöst – wahrscheinlich *ganz* , sicherlich *teilweise* , mongolischen Blutes.

Abbasabad im Nordwesten ist eine georgische Kolonie. Auf der Linie zwischen Meshed und Herat liegen mehrere Kurdenkolonien. In Seistan haben wir Perser; aber weiter südlich gibt es Biluch und Brahúi . Im Osten kommen die Afghanen herein.

Kerman ist ebenfalls persisch; und das in größerem Maße als Khorasan. Fars ist dasselbe; doch westlich von Fars verändert sich die Bevölkerung und es treten arabische Elemente auf. Sie nehmen in Chusistan zu ; und in Irak Arabi erreichen wir gleichzeitig das reiche Schwemmland von Tigris und Euphrat und eine zweifelhafte Grenze. Ob dies ursprünglich arabisch oder persisch war, ist zweifelhaft.

Von Irak müssen wir Laristan und das Baktyari- Gebirge sowie die gesamte nordwestliche Hälfte abziehen . Hamadan ist das alte Ekbatana; das antike Ekbatana war medisch – aber dass die Meder und Perser blutsmäßig so eng miteinander verbunden waren, wie wir aufgrund ihrer unveränderlichen Gesetze annehmen, ist keineswegs eine sichere Annahme. Die Existenz einer *dritten* Sprache in den pfeilspitzenförmigen Inschriften bedarf noch einer zufriedenstellenden Erklärung.

Andererseits ist Mazenderan vollständig persisch; und das gilt auch für Ghilan Proper. Die Talish im Norden dieser Provinz stammen jedoch möglicherweise aus einem anderen Stamm. Asterabad ist, wie oben erwähnt, eine Grenzprovinz.

Ich denke, es gibt gute Gründe für die Annahme, dass Ajerbijan ursprünglich nicht persisch war.

In Balkh und Buchara scheint die ältere – aber nicht unbedingt die älteste – Bevölkerung Perser unter kürzlich eingewanderten usbekischen Herren zu sein. Außerhalb dieser Länder treten die Perser als Hauptbevölkerung wieder auf, *nämlich* in Badukshan und Durwaz .

Hier endet die eigentliche persische Bevölkerung – aber weder ganz noch abrupt.

Es kommen drei Modifikationen davon vor:

- 1. In Biluchistan im Südosten.

- 2. In Kurdistan im Westen.

- 3. In Afghanistan im Osten.

Darüber hinaus dringen Perser in Schirwan , Erivan und Karabagh in das armenische und kaukasische Gebiet ein – ich glaube, dass es in allen diesen Ländern sowie in Ajerbidschan eindringlich war.

Der Biluch . – Östlich und südöstlich der eigentlichen Perser von Kerman kommen die Biluch , von Biluchistan . Hier gibt es sicherlich einen Typwechsel. Physisch ähnelt das Land stark dem Hochland von Kerman. Indien wird jedoch angefahren; so dass die Biluch Grenzstämme sind. Sie sind gewissermaßen Eindringlinge. Wir finden sie in Sind, in Múltan und in den Teilen zwischen dem Indus und dem Sulimani- Gebirge sowie im mittleren Teil des Sulimani- Gebirges. Sie bezeichnen sich selbst *als Usul* oder *The Pure* , ein Begriff, der entweder eine Verschiebung oder eine Vermischung der umliegenden Teile impliziert. Ihre Sprache ist ein modifiziertes (viele nennen es ein *schlechtes*) Persisch. Philologisch gesehen könnte es sich jedoch um den älteren und lehrreicheren Dialekt handeln – obwohl ich keine besonderen Gründe dafür habe. Es treten nun hinduistische Merkmale der Physiognomie auf. Dies gilt auch für semitische Elemente des Staatswesens und der sozialen Verfassung. Wir haben Stämme, Clans und Familien; mit Abteilungen und Unterabteilungen. Wir haben ein Strafgesetz, das uns an die Leviten erinnert. Wir haben Klassen, die es verachten, untereinander zu heiraten; und dies legt die Idee der *Kaste nahe* . Dann haben wir pastorale Gewohnheiten wie in der Mongolei. Die Religion ist jedoch mohamedanisch, so dass, falls noch Überreste des primitiven Heidentums vorhanden sind, die für die Zwecke der ethnologischen Klassifizierung verfügbar sind, diese zu weit unter der Oberfläche liegen, als dass sie beobachtet werden könnten.

Kapitän Postans unterscheidet die Biluch von den Mekrani von Mekran ; aber von diesem letzteren Volk kenne ich keine gute Beschreibung. Es handelt sich wahrscheinlich um Kerman-Perser. Die Bergkette zwischen Jhalawan und Sind wird von einer Familie bewohnt, die bisher kaum Beachtung fand; Dennoch ist es eines der wichtigsten der Welt, das Brahúi .

Die Kurden. — Eine schräg durch Persien von Biluchistan nach Nordwesten gezogene Linie führt uns zu einer anderen Grenzbevölkerung; eine Bevölkerung, die mit den semitischen Arabern Mesopotamiens und den nicht ansässigen Armeniern verwandt ist. Das sind Bergsteiger – die Kurden Kurdistans. Name für Name, sie sind die *Carduchi* der Anabasis. Name für Name, sie sind die *Gordyæi* . Name für Name sind es wahrscheinlich die *Chaldäer* und *Khasd-im* – eine Tatsache, die eine schwierige Komplikation mit sich bringt, da die Chaldäer in den Augen von neun von zehn Schriftstellern – wenn auch nicht in denen mit einer so guten Autorität wie Gesenius – es sind Semitisch. Das Kurdengebiet ist in seinen Umrissen äußerst unregelmäßig. Es ist ebenso bemerkenswert für seine physischen

Bedingungen. Es handelt sich um eine Gebirgskette – genau der Ort, an dem wir eher alte und eingeborene Populationen als neue und aufdringliche Populationen erwarten. Andererseits zeichnet sich die kurdische Form der persischen Sprache jedoch nicht durch die Vielfalt und Verschiedenheit ihrer Dialekte aus – eine Tatsache, die den gegenteiligen Schluss nahelegt. Die Kurden erstrecken sich bis zur Nordgrenze von Fars im Süden, bis nach Armenien im Norden und bis zum Quellgebiet des Halys im Westen . Sind sie eingegriffen? Das ist eine schwierige Frage. Die Armenier sind ein Volk, das im Allgemeinen vor Eindringlingen nachgibt; aber die Araber sind eher Eindringlinge als das Gegenteil. Die Kurd-Richtung ist vertikal, *das heißt* eher schmal als breit, und verläuft von Norden nach Süden (oder *umgekehrt*) und nicht von Osten nach Westen (oder *umgekehrt*) , eine Richtung, die häufig vorkommt, wenn sie mit dem Tal eines Flusses zusammenfällt, aber selten *ist* entlang einer Bergkette. Dennoch taucht es in Südamerika wieder auf, wo das peruanische Gebiet mit dem der Anden zusammenfällt.

Die Afghanen. — Das afghanische Gebiet liegt nahezu im Wassersystem des Flusses Helmund . Die Ausdehnungsrichtung verläuft nach Osten und Nordosten; im ersteren hat es Hindostan überfallen , im letzteren die südlichen Mitglieder einer Klasse, die man bequem Paropamisan nennen kann . Auf diese Weise (glaube ich) ist das Tal des Flusses Cabul afghanisch geworden. Seine Beziehungen zum Hazareh -Land sind ungeklärt. Die meisten Hazarehs sind in ihrer Physiognomie mongolisch. Einige von ihnen sind sowohl in der Physiognomie als auch in der Sprache mongolisch. Dies deutet auf Eindringen und Vermischung hin – Eindringen und Vermischung, von denen uns die Geschichte erzählt, dass sie nach der Zeit Tamerlans erfolgten. Phänomene , die auf Eindringen und Vermischung hinweisen, sind in ganz Afghanistan weit verbreitet und häufig. In einigen Fällen – wie im Fall von Hazarehs – ist es neu oder folgt auf die afghanische Besetzung; in anderen ist es uralt und davor.

Buchara. – Ich habe die Division, die die Tadschiken von Balkh, Kúnduz , Durwaz , Badukshan und Buchara umfasst, nicht auf eine Ebene mit der Division gestellt, die die Afghanen, Kurden und Biluch umfasst , weil ich mir ihres Wertes nicht sicher bin. Wahrscheinlich handelt es sich jedoch in Wirklichkeit um eine ebenso eigenständige Substantivklasse wie alle vorangehenden. Hier war das Eindringen so groß, die politischen Beziehungen so getrennt und die gemischte Bevölkerung so heterogen, dass es lange Zeit zweifelhaft war, ob die Menschen in Buchara Perser oder Türken waren. Klaproth hat jedoch gezeigt, dass sie zur ehemaligen Division gehören, obwohl sie den usbekischen Türken unterworfen sind. Wenn ja, repräsentieren die heutigen Tadschiken die alten Baktrier und Sogdier – die Perser des Tal- und Wassersystems des Oxus. Aber was wäre, wenn es Eindringlinge wären? Ich habe kaum Zweifel am Wort *Oxus* (*Ok-sus*) repräsentiert die gleiche Wurzel wie das *Yak* in *Yaxsartes* (*Yak- sartes*) und der *Yaik* , der Name des Flusses, der in den nördlichen Teil des Kaspischen Meeres mündet. Dies ist nun der *turanische* Name für *Fluss* , *ein Name, der gleichermaßen in den Sprachen Turk,* Uguari und Hyperborean vorkommt . Auf jeden Fall liegt Buchara an einer ethnologischen Grenze.

Aber Baktrien und Sogdien waren zur Zeit von Alexanders Nachfolgern persisch; sie waren persisch zu Beginn der historischen Periode. Sei es so. Die historische Periode ist nur von kurzer Dauer, und es gibt keinen Grund, warum eine Bevölkerung nicht zu einem Zeitpunkt übergreifen sollte und zu einem anderen Zeitpunkt selbst übergriffig werden sollte.

Alle aufgezählten Teile und Unterteilungen sind so zweifellos persisch, dass nur wenige zuständige Autoritäten diese Tatsache leugnen. Das Beste, was jemals getan wurde, war die Trennung der Afghanen. Sir W. Jones hat dies getan. Er legte großen Wert auf bestimmte jüdische Merkmale, beschäftigte sich mit den Zehn Stämmen und ließ sich über das Vokabular ihrer Sprachen täuschen. Herr Norris ist ebenfalls geneigt, sie zu trennen, allerdings aus anderen Gründen. Er kann weder die afghanische Sprache als indoeuropäisch betrachten, noch das Persische als etwas anderes. Seine Schlussfolgerung ist wahr, wenn seine Fakten wahr sind. Was aber, wenn das Persische ein anderes als das Indogermanische wäre? In diesem Fall steht es beiden frei, in dieselbe Kategorie zu fallen.

Aber die Komplexität der persischen Bevölkerung ist nicht vollständig. Es gibt eine Spaltung zwischen den *Tadschiken* und den *Ilijaten* ; Bei den ersteren handelt es sich um sesshafte Bewohner von Städten und Dörfern, die Persisch sprechen, bei den anderen um Hirten- oder Wanderstämme, die die arabische, kurdische und türkische Sprache sprechen. Dass *Tadschikisch* dasselbe Wort wie die Wurzel *Taoc ist* , in *Taoc-ene* , einem Teil des antiken Landes Persis (heute *Fars*), und folglich an einem herausragenden persischen Ort, ist eine sichere Vermutung. Die Schlussfolgerung, dass dies der ursprüngliche Wohnort der persischen Familie war, ist jedoch mit zahlreichen – aber keineswegs unüberwindlichen – Schwierigkeiten verbunden. In Bezug auf ihre chronologischen Beziehungen kann die allgemeine Aussage getroffen werden, dass überall dort, wo wir Tadschiken und Iliyaten zusammen haben, die ersteren die ältere und die letzteren die neuere Bevölkerung sind . Daher sollten wir bei keinem Iliyat- Stamm nach einer näheren Annäherung an die Ureinwohner suchen als bei der normalen Bevölkerung. Sie sind eher die Analogien der Juden und Zigeuner Großbritanniens als der Waliser – eher neue Transplantationen als Teile des alten Stammes. In Afghanistan war dies nicht so eindeutig der Fall. Tatsächlich war die Schlussfolgerung umgekehrt.

Die Altertümer und die Geschichte Persiens sind zu bekannt, als dass es mehr als einer flüchtigen Anspielung bedarf. Das Glaubensbekenntnis war das von Zoroaster; existiert immer noch, in einer modifizierten (vielleicht einer verdorbenen, vielleicht einer verbesserten) Form, in der Religion der modernen Parsen. Die Sprache der zoroastrischen Schriften wurde Zend genannt. Jetzt ist das Zend indoeuropäisch – indoeuropäisch und stark flektiert. Die *Beugungen* im modernen Persisch sind jedoch so gut wie gar nicht vorhanden; und bei diesen wenigen ist es keineswegs sicher, dass sie Zend-Ursprungs sind. Dennoch *ist die große Mehrheit der modernen persischen Wörter* Zend. Was bedeutet das? Es bedeutet, dass der Philologe in einer Schwierigkeit steckt; dass die grammatikalische Struktur in die eine Richtung weist und der Wortschatz in die andere. Diese Schwierigkeit wird uns wieder begegnen.

Indien. — Zur Zeit Herodots und noch früher war Indien Teil des Persischen Reiches. Doch Indien war nicht Persien. Zur Zeit des Darius war es genauso wenig Persien wie heute Englisch. Die ursprüngliche indische Aktie war und ist eigenartig – eigenartig in ihren wesentlichen Grundlagen, aber nicht rein und unverändert. Das enorme Ausmaß, in dem diese Modifikation Eingriffe und Vermischung mit sich bringt, ist der große Schlüssel zu neun Zehnteln der Komplexität der schwierigen Ethnologie Hindustans . Ob wir auf das Nebeneinander der verschiedenen Formen der indischen Sprache achten, auf die vielfältigen Verschmelzungsgrade zwischen ihnen, auf die Abschnitte und Unterabschnitte ihrer Glaubensbekenntnisse – Legionen beim Namen –, auf die Fragmente des antiken Heidentums, auf die Unterschiede in Haut und Gesichtszügen , oder die Institution der Kaste, ein Eindringen, dem eine Vermischung folgt, und eine Vermischung in jedem Grad und in jeder Art der Manifestation, ist der Vorschlag.

Und jetzt haben wir unsere Dualität – nämlich. das Urelement und das Fremde – der Stamm und das Transplantat. Nichts ist sicherer als die Tatsache, dass das Transplantat aus dem Nordwesten stammte. Bedeutet das unbedingt, dass sie aus Persien stammen? Das ist die aktuelle Meinung; oder, wenn nicht aus Persien, aus einigen der Teile Indiens selbst, die der persischen Grenze am nächsten liegen. Es gibt jedoch Gründe, diese Sichtweise zu verfeinern. Bestimmte für Indien fremde Einflüsse könnten *über* Persien gekommen sein, ohne persisch zu sein. Der Beweis, dass ein bestimmtes Merkmal *über* Persien nach Indien eingeführt wurde, ist eine Sache; der Beweis, dass es aus Persien stammt, eine andere. Sie wurden jedoch oft verwechselt.

Im Süden Indiens ist das fremde Element weniger ausgeprägt als im Norden; so dass es der Süden Indiens ist, der den ursprünglichen Bestand in seiner vollsten Form aufweist. Seine Hauptmerkmale lassen sich auf drei

Köpfe zurückführen : die physische Form, das Glaubensbekenntnis und die Sprache. Was den ersten betrifft, so ist der Südindische dunkler als der Nordindische – *cæteris paribus*, d. h. e. unter ähnlichen äußeren Bedingungen; aber nicht in dem Maße, dass ein Bergsteiger des Dekhan schwärzer wäre als ein Bengali aus dem Gangesdelta. Auch die Abstammung oder Kaste beeinflusst die Farbe , und je reiner das Blut, desto heller die Haut. Dann sind die Lippen dicker, die Nase seltener gebogen, die Wangenknochen ausgeprägter und die Augenbrauen im Süden weniger regelmäßig . Die vollkommenste Form des indischen Gesichts verleiht uns regelmäßige und zarte Gesichtszüge, geschwungene Augenbrauen, eine Adlernase, eine ovale Kontur und einen klaren, brünetten Teint. Das alles ist persisch.

Wenn man davon abweicht, liegen Vergleiche nahe. Wenn die Lippen dicker und die Haut schwarz werden, denken wir an den Neger; Wenn die Wangenknochen hervorstehen und das Auge – was manchmal passiert – schräg wird, kommt uns der Mongole in den Sinn.

Die ursprünglichen indischen Glaubensbekenntnisse lassen sich am besten durch Negative charakterisieren. Sie sind weder Brahmanen noch Buddhisten .

Die Sprache lässt sich vorerst am besten unter dieselbe Beschreibung bringen. Kein lebender Mensch hält es für *indoeuropäisch* .

Je mehr eine bestimmte indianische Bevölkerung durch diese drei Merkmale gekennzeichnet ist, desto klarer werden ihr Ursprung, ihre Reinheit und ihre indigene Natur – *und umgekehrt* . Daher können sie in der Reihenfolge ihrer äußeren und sichtbaren Zeichen der Aborigineität betrachtet werden.

Zuerst kommen – wie bereits gesagt – die Südländer des Kontinents [35] ; und zuerst unter diesen die Bergsteiger. In den östlichen Ghauts haben wir die Chenchwars , zwischen Kistna und Pennar ; im Westen die Cohatars , Tudas , Curumbars , Erulars und zahlreiche andere Bergvölker; alle waren sich darin einig, dass sie entweder unvollkommene Brahmanen oder Heiden waren und in ihrer Sprache und Sprache den Tamul an der Küste von Coromandel ähnelten ; eine Sprache, die der Klasse ihren Namen gibt und den wichtigen philologischen Begriff *Tamulisch einführt* . Ihr äußeres Erscheinungsbild ist keineswegs so charakteristisch wie ihre Sprache und ihr Glaubensbekenntnis. Die *Berglebensräume* bevorzugen einen hellen Teint. Andererseits begünstigt es die mongolische Hervorhebung der Wangenknochen. Viele der Tudas haben jedoch die ganze Regelmäßigkeit des persischen Gesichtsausdrucks – und doch sind sie die Reinsten unter den Reinen der einheimischen tamulischen Indianer.

In den *Ebenen* ist die Sprache Tamulisch , das Glaubensbekenntnis jedoch Brahmanen; ein Zustand der Beweise, der bis in den Norden reicht, bis hin zu den Teilen um Chicacole im Osten und Goa im Westen.

Im *Süden* gibt es also die Hauptexemplare der echten tamulianischen Ureinwohner der Indianer; deren Eigenschaften durch den einfachen Effekt der Entfernung vom Ort der Störung erhalten geblieben sind. Distanz allein war jedoch nur ein schwaches Konservierungsmittel. Die Kombination aus Berg und Festung hat zu seiner Effizienz beigetragen.

In *Zentralindien* ist einer dieser Schutzmaßnahmen beeinträchtigt. Wir sind Persien näher; und nur in den Bergen sind die fremden Elemente unbedeutend genug, um den tamulischen Charakter der Bevölkerung zweifellos und unbestreitbar zu machen. Im Mahratta-Land und in Gondwana sind die Ghonds , in Orissa die Kols , Khonds und Súrs und in Bengalen die Rajmahali- Bergsteiger tamulianisch in ihrer Sprache und heidnisch im Glauben – oder, wenn nicht heidnisch, aber unvollkommen brahmanisch. Aber sie sind doch alle Bergsteiger. In dem flacheren Land um sie herum ist die Sprache Mahratta, Udiya oder Bengali.

Nun sind Mahratta, Udiya [36] und Bengali *nicht* eindeutig und unbestreitbar tamulisch . Sie sind so weit davon entfernt, dass sie erklären, was mit der negativen Aussage gemeint war, dass die tamulischen Sprachen nicht *als indoeuropäisch* angesehen würden . Dies ist genau das, was die fraglichen Zungen in Betracht gezogen *haben* . Ob richtig oder falsch, ist derzeit nicht so wichtig. Wenn es richtig ist, haben wir einen Sprachunterschied als *ersten* – aber nicht als *schlüssigen* – Beweis für einen Stammesunterschied . Wenn das nicht der Fall ist, haben wir in der bloßen Existenz einer Meinung, die uns die allgemeine Höflichkeit veranlassen sollte, sie für vernünftig zu halten, einen praktischen Ausdruck eines beträchtlichen Unterschieds irgendeiner Art – einer Veränderung von den eigentlichen tamulischen Merkmalen zu etwas anderem, das so großartig ist sein *Grad* sieht aus wie ein Unterschied in *der Art* . Bei den Bengali – und bis zu einem gewissen Grad auch bei den anderen beiden Bevölkerungsgruppen – erreicht das Fremdelement sein *Maximum* , oder (um den Ausdruck zu ändern) sind die Beweise für den Tamulianismus auf seinem *Minimum* . Dennoch ist es nicht vernichtet. Zumindest das äußere Erscheinungsbild des Mahratta entspricht dem eines echten Südindianers. Selbst wenn die Sprache eine andere als Tamulisch wäre , könnten die Hindus Nordindiens immer noch von derselben Abstammung sein wie die von Mysore und Malabar, so wie ein Cornishman ein Waliser ist – d. *h* . *e.* ein Brite, der seine Muttersprache gegen Englisch getauscht hat.

In Bezug auf die Beweise ihrer tamulischen Verwandtschaft stehen die Bergsteiger im Nordwesten Indiens zwischen den Khonds und den Bengali.

Hier ist die konservierende Wirkung der Distanz nahezu unbedeutend. Diese der Bergfestungen versorgen jedoch die folgenden Populationen: Berdars , Ramusi , Wurali , Paurias , Kulis , Bhils , Mewars , Moghis , Minas usw. usw., die Sprachen der gleichen Klasse wie Mahratta, Udiya und Bengali sprechen, aber alle im Glauben unvollkommen brahmanischen Ursprungs sind.

Die anderen wichtigen Sprachen Indiens in derselben Klasse wie die zuletzt genannten sind das Guzerathi von Guzerat , das Hindi von Oude, das Punjabi des Punjab und mehrere andere, die nicht aufgeführt sind – teilweise weil nicht ganz sicher ist, wie wir das tun sollen platzieren Sie sie [37] , teilweise weil es sich möglicherweise eher um Subdialekte als um separate substantielle Sprachformen handelt. Sie bringen uns bis zur afghanischen, bilutschischen und tibetischen Grenze.

Diese wurden bearbeitet. Aber es gibt eine Bevölkerung, die zu denselben Gebieten gehört und mit der wir weiter zu tun haben: Bilúchistan wurde beschrieben; aber nicht im Detail. Die Bilúch , die dem Land ihren Namen geben, gelten als persisch. Aber die Bilúch sind ebensowenig die einzigen und ausschließlichen Bewohner, wie es die Engländer in Großbritannien sind. Wir haben unsere Waliser und die Bilúch haben ihre Brahúi .

Auch hier gilt: Die Gebirgskette, die die westliche Wasserscheide des Indus bildet, ist nicht ausschließlich afghanisch. Es ist auch Bilúch . Aber es ist nicht ganz Bilúch . Der Bilúch reicht nur bis zu einem gewissen Punkt nach Süden . Das Gebiet zwischen dem Vorgebirge von Kap Montze und der oberen Grenze von Kutch Gundava ist *Brahúi* . Es gibt kein Wort wie *Brahúistan* ; aber es wäre gut, wenn es so wäre.

Heute gehört die Sprache der Brahúi zur tamulischen Familie. Die Affinität liegt keineswegs an der Oberfläche – und es ist auch unwahrscheinlich, dass dies der Fall sein sollte. Der nächste eindeutig tamulische Dialekt auf derselben Seite Indiens liegt bis nach Goa im Süden – solche gibt es weiter nördlich, entweder im Zentrum oder im Osten. Nehmen wir also die ursprüngliche Kontinuität an, wie groß muss die Verschiebung gewesen sein? Und wenn die Verschiebung groß gewesen wäre, wie leicht könnten dann die Übergangsformen verschwunden sein, oder vielmehr: wie wahrhaftig muss man ihnen einmal begegnet sein!

Allerdings liegen die Brahúi- Affinitäten keineswegs an der Oberfläche. Die Sprache ist aus einem der vielen wertvollen Vokabeln von Leach bekannt. Darauf äußerte sich kein Geringerer als Lassen. Ohne es zu korrigieren, bemerkte er, dass die Ziffern denen Südindiens ähnelten. Sie sind tatsächlich so; und so ist noch viel mehr; Tatsächlich ergibt die Kombination des gesamten Brahúi- Vokabulars mit den Tamul- und Khond-Sprachen *in großen Mengen das* Brahúi Tamulisch .

Ist es originell oder aufdringlich? Alle Meinungen – *Valeat Quantum* – sprechen dagegen, dass ersteres der Fall ist. Die Bergfestigkeit, in der es auftritt, geht in die andere Richtung.

Unsere Reihenfolge ist eher logisch als geographisch , *d.h. e.* Es berücksichtigt Orte und Sprachen in der Reihenfolge, in der sie für ethnologische Argumente relevant sind, und nicht entsprechend ihrer Nachbarschaft. Dies rechtfertigt uns, einen mutigen Schritt zu wagen, ganz Persien zu überqueren und als nächstes den Kaukasus mit all seinen konventionellen Erinnerungen und Andeutungen in Angriff zu nehmen.

Die Sprachen des Kaukasus fallen in eine Gruppe, die man aus bereits genannten Gründen unpassenderweise als *Kaukasisch bezeichnen würde, die man aber bequemerweise als Dioskurisch* bezeichnen könnte [38] . Dies gliedert sich in die folgenden fünf Abteilungen: 1. Die Georgier; 2. der Iron ; 3. der Mizjeji ; 4. die Lesgier ; und 5. die Tscherkessen.

1. *Die Georgier.* — Rosen ist der Meinung, dass die Zentralprovinz Kartulinia , deren Hauptstadt Tiflis ist, der ursprüngliche Sitz der georgischen Familie sei; Die Hauptgründe liegen darin, dass dieser Teil des Gebiets der wichtigste ist. Daher wird die Sprache *Kartulinisch genannt* ; während die Provinzen rund um Kartulinia eher als Ergänzungen oder Beitritte zum georgischen Herrschaftsbereich denn als integrale und ursprüngliche Teile davon betrachtet werden – eine Tatsache, die die betreffende Provinz zu einer Art *Kern macht* . Schließlich weisen die persischen und russischen Namen *Gurg-istan* und *Gr-usia* , unter denen das Land am häufigsten bekannt ist, auf das Tal des Kur hin.

All dem widerspreche ich. Das Äußerste, was dadurch bewiesen wird, ist die größere politische Bedeutung der Bewohner der begünstigteren Teile des Landes; wie der mittlere Verlauf des Kur wirklich ist.

Von den beiden Seiten der Wasserscheide, die die Flüsse des Schwarzen Meeres [39] von denen des Kaspischen Meeres [40] trennt , hat die *westliche Seite den größten Anspruch, als ursprünglicher Lebensraum* der Georgier angesehen zu werden . Hier ist das Land am gebirgigsten und die Berge am schroffsten. Daher ist es auch so, dass eine Bevölkerung sowohl den Wunsch als auch die Macht hätte, in die Ebene auszuwandern und *nicht umgekehrt* .

gewichtiger sind die aus den Dialekten abgeleiteten Beweise. Das Kartulinische wird in mehr als der Hälfte von ganz Georgien gesprochen, während dies in einigen Teilen *nicht der Fall ist* Im Kartulinischen hören wir von folgenden Dialekten:

- 1. Der *Suanic* , an den Quellflüssen der kleinen Flüsse zwischen Mingrelia und den südlichen Teilen des tscherkessischen Gebietes – dem Ingur , dem Okoumiskqual usw. Dies ist der nördlichste Teil der georgischen Familie.

- 2, 3. Der *Mingrelianer* und der *Imiritianer* .

- 4, 5. Die *Guriel* und *Akalzike* im türkischen Georgien.

- 6. Das *Lazische* . – Dies ist die Sprache der westlichsten Dialekte. Die Hügel, die die nördliche Grenze des Tsorokh -Tals bilden , sind die Lokalität Lazic ; und hier hat die Vielfalt ihr *Maximum* erreicht . So klein die Lazic- Bevölkerung auch ist, jedes Tal hat seine eigene Sprachvielfalt.

kartulinischen Georgier im Zentralkaukasus aufdringlich waren; und dies wird durch den Charakter der Bevölkerung nördlich und östlich von ihnen wahrscheinlich gemacht. Zwischen Georgien und Dagestan haben wir in den äußerst unzugänglichen Teilen der östlichen Hälfte des Kaukasus [41] zwei neue Familien, die sich voneinander, von den Lesgern und von den Tscherkessen unterscheiden.

westlich war , können wir die Untersuchung fortsetzen. Dass sie die Bewohner eines beträchtlichen Teils der östlichen Hälfte des antiken Pontus waren, geht aus der historischen Bedeutung der Lazi zur Zeit Justinians hervor, als ein Lazi- Krieg die degenerierten Römer von Konstantinopel beunruhigte. Es ist sicher, sie bis nach Trapezunt in den Westen zu transportieren. Es ist auch sicher, sie weiter zu tragen. Eine der häufigsten georgischen Endungen ist die Silbe *-pe* oder *-bi* , das Pluralzeichen; *ein* Umstand, der der Stadt *Sino-pe* ein georgianisches Aussehen verleiht – *Sinope* in der Nähe des Vorgebirges von *Callippi* .

2. *Der Iron* . — Nordwestlich von Tiflis liegen die Städte Duchet und Gori, eine am Kur selbst und eine an einem linken Zufluss davon. Die darüber liegenden Berge liegen in der Besetzung des *Irôn* oder *Osetes* . In Russisch-Georgien sind es etwa 28.000. Den Namen *Irôn* geben sie sich selbst; *Osseti* nennen die Georgier sie. Ihre Sprache enthält einen so großen Prozentsatz an persischen Wörtern oder *umgekehrt* , *dass man sie getrost in* die gleiche Klasse einordnen kann. Dies wurde dementsprechend getan – und darüber hinaus wurde noch viel mehr getan, was weder sicher noch gesund ist.

3. *Der Mizjeji* . — Östlich des Bergsteigers Irôn kommen die ebenfalls Bergsteiger Mizjeji , eine zahlenmäßig kleine Familie, die jedoch in Abteilungen und Unterabteilungen zerfällt. Daher hat es aufgrund der Echtheiten, in denen es gefunden wird, einen herausragenden Anspruch, als

Ureinwohner zu gelten. Die Teile nördlich von Telav , nordöstlich von Tiflis, bilden das Mizjeji -Gebiet. Es ist klein – die Tscherkessen begrenzten es im Norden und im Osten –

4. *Die Lesgier* des Ostkaukasus oder Daghestans , neben den Tscherkessen die unabhängigste Familie des Kaukasus. Keiner fällt in mehrere Unterteilungen und Unterteilungen: ʒ

- *A. Die Marulaner* oder *Bergsteiger* (von *Marul = Berg*) sprechen eine Sprache namens Avar, deren Dialekte Anzukh , Tshari , Andi, Kabutsh , Dido und Unsoh sind.

- *B. Der Kasikumuk* .

- *C. Der Akusch* .

- *D. Die Kura von Süddagestan* .

Die Vertreibung der Irôn- und Mizjeji-Flüsse – und aus dem begrenzten Gebiet ihrer Besetzung ist eine Vertreibung eine legitime Schlussfolgerung – muss hauptsächlich von den Georgiern allein verursacht worden sein; das der Lesgier scheint auf einen dreifachen Einfluss zurückzuführen zu sein. Dass es sich bei den Talish nördlich von Ghilan um Lesgier handelt , die ihre Muttersprache gegen Persisch ausgetauscht haben, ist wahrscheinlich eine Vermutung von Frazer. Wenn dies zutrifft, ist die Provinz Schirwan wahrscheinlich Teil des ursprünglichen lesgischen Gebiets, da Armenier, Perser und Georgier dort vordrangen .

5. *Die Tscherkessen* besetzen den Nordkaukasus von Dagestan bis zum Kuban; in Kontakt mit den Slawen und Tataren für die Gebiete zwischen dem Asowschen Meer und dem Kaspischen Meer. Da beide für einen Angriff von herausragender Bedeutung sind, bestand der frühere Kontakt wahrscheinlich zwischen den nördlichsten Mitgliedern der tscherkessischen Familie und den südlichen Ugriern. Die Spaltungen und Unterteilungen der tscherkessischen Familie sind sowohl zahlreich als auch stark ausgeprägt.

Die Armenier. — Mit Ausnahme der Bergsteiger Irôn und Mizjeji gibt es im gesamten russischen Kaukasus Armenier – größtenteils vermischt mit Georgiern. Sie sind eher Reisende als Einheimische. In Shirvan , Karabagh und Karadagh sind sie ebenfalls mit Persern und Türken vermischt. In diesem Fall dürfte jedoch die armenische Bevölkerung die ältere sein; so dass wir uns dem ursprünglichen Kern der Familie nähern. In Erivan gibt es mehr Armenier als anderswo; und in Kars und Erzerúm erreichen sie ihr *Maximum* . In Diarbekr ändert sich die Grenze, und die Stämme, die jetzt das armenische Gebiet besiedeln, sind die semitischen Araber und Chaldani Mesopotamiens sowie die persischen Kurden Kurdistans.

Es wurde viel darüber gesagt, inwieweit sich die armenische Sprache von der georgischen Sprache unterscheidet, wenn man den geografischen Kontakt zwischen beiden berücksichtigt. Es stimmt, dass die Zungen *jetzt* Kontakt haben, und das war wahrscheinlich auch schon vor 2000 Jahren der Fall. Doch daraus folgt keineswegs, dass sie es schon immer waren. Die Georgier sind vorgedrungen, die Irôn haben sich zurückgezogen; eine Tatsache, die es wahrscheinlich macht, dass zu einer Zeit, als es östlich von Imiritia keine Georgier gab, die Oseten von Tshildir und die Armenier von Kars am Oberen Kur aufeinandertrafen. Die aus den Beziehungen zwischen den Sprachen Môn, Khô und Tʻ gezogene Schlussfolgerung **wird** hier wiederholt, da das Irôn und das Armenische einander ähnlicher sind als das Armenische und das Georgische. Als groben Maßstab für die Ähnlichkeit kann ich die Annahme anführen, dass beide indoeuropäisch seien.

Kleinasien. — Von Armenien erfolgt der Übergang nach Kleinasien. Einer der Umstände, die der Ethnologie Kleinasiens ein herausragendes Interesse und Bedeutung verleihen, ist die Gewissheit, dass der ursprüngliche Stamm derzeit entweder vollständig ausgestorben oder so verändert und verändert ist, dass er eher zu einem Problem geworden *ist* eine *Tatsache*. Daran besteht kein Zweifel, auch nicht der Hauch eines Zweifels, da dieser Wandel innerhalb der historischen Periode stattgefunden hat. In der historischen Periode gründeten die osmanischen Türken, die sich unmittelbar vom heutigen Land Turkestan, aber weiter entfernt von der Kette des Altai-Gebirges ausbreiteten, das Königreich Roum unter den seldschukischen Königen und als Vorbereitung für die Invasion Sie eroberten Europa teilweise und beherrschten das gesamte Land, das im Osten und Süden durch Georgien, Armenien, Mesopotamien und Syrien und im Westen durch den Euxinus, den Bosporus, die Propontis, den Hellespont und das Ägäische Meer begrenzt wurde. Seitdem ist die Sprache, egal aus welchem *Blut*, *Türkisch*. Dies ist natürlich ein erster Beweis dafür, *dass es* sich bei dem Stamm auch um Türken handelt. Auch auf der anderen Seite gibt es keine *besonders triftigen Gründe*. Die Physiognomie wird im Allgemeinen als türkisch beschrieben, ebenso die Gewohnheiten und Bräuche.

Das ist es, was wir vom allgemeinen Reisenden bekommen — und eine detailliertere Ethnologie als diese wurde noch nicht angewendet. Was dabei herauskommt, wenn ein strengerer Test durchgeführt wird, ist eine andere Frage. Es ist sehr wahrscheinlich, dass Gesichtszüge, fragmentarische Traditionen und Aberglauben, alte Bräuche und eigentümliche Idiotismen im Dialekt auf einen Überrest des unmittelbar vorhergehenden Stammes hinweisen. In einem solchen Fall wird die ethnologische Frage komplizierter — da dann angenommen wird, dass sich die heutigen Türken mit den älteren Eingeborenen *vermischt haben*, anstatt sie *vollständig zu ersetzen*: so dass die Phänomene eher denen entsprechen werden, die in England (wo die … Der

Anteil der *älteren* Kelten und der *neueren* Angelsachsen ist eine offene Frage)
als die der Vereinigten Staaten von Amerika, wo das Blut rein europäisch ist
und wo die Vermischung der indianischen Ureinwohner – wenn überhaupt
– umsonst ist.

Von den Bewohnern Kleinasiens vor den osmanischen Türken können
wir die Elemente feststellen, nicht aber die Verhältnisse, in denen sie
zueinander standen.   .

- 1. Es gab ein Element, das von der byzantinischen griechischen
  Bevölkerung bereitgestellt wurde – selbst äußerst gemischt und
  heterogen.

- 2. Es gab ein Element, das von der reineren griechischen
  Bevölkerung des eigentlichen Griechenlands und der Inseln
  bereitgestellt wurde.

- 3. Möglicherweise gab es Spuren der alten griechischen Bevölkerung
  von Äolien , Doris und Ionien.

- 4. Es gab eine Ausbreitung der armenischen Bevölkerung aus dem
  Osten.

- 5. Von den Georgiern aus dem Nordosten.

- 6. Von den Semiten aus dem Südosten.

- 7. Als Folge der Verbreitung des Mohammedanismus kam es auch
  zu einer Vermischung von Arabern und Syrern .

- 8. Es gab auch Überreste einer rein römischen Bevölkerung, die
  während der Zeit der Republik und des Weströmischen Reiches
  eingeführt wurde, *z. B.* von der Art, die das Konsulat von Cicero in
  Kilikien einführte.

- 9. Es gab auch Überreste der *persischen* Vorherrschaft, *z. B.* von der
  Art, wie sie eingeführt wurden, als es sich um eine Satrapie von
  Tissaphernes oder Pharnabazus handelte .

- 10. Schließlich gäbe es Spuren der *mazedonischen* Griechen; dessen
  Eindruck ihm in der Zeit zwischen dem Sturz von Darius und dem
  von Antiochus seinen Stempel aufgedrückt hat.

All dies wirft zahlreiche Fragen auf – aber es handelt sich eher um Fragen
der Kleinigkeit als um allgemeine Ethnologie. Letzteres führt uns zur
Betrachtung der Populationen der Grenzregion. Hier finden wir—

- 1. Georgier.

- 2. Armenier.

- 3. Semiten Mesopotamiens und Syriens.

- 4. Griechen der Ägäischen Inseln.

- 5. Bulgaren und Türken von Thrakien.

Von diesen handelt es sich bei den letzten um kürzliche Eindringlinge; so dass die eigentliche Ethnologie, die berücksichtigt werden muss, die des *antiken* Thrakien ist. Leider ist dies ebenso dunkel wie das von Kleinasien selbst.

Die Griechen der Ägäis sind *wahrscheinlich* aufdringlich; Die anderen drei sind alte Bewohner ihrer heutigen Gebiete.

Bei der Erörterung der Bedingungen, die diese Grenze bietet, ist es legitim anzunehmen, dass jede der zu ihr gehörenden Populationen eine gewisse Ausdehnung über ihre gegenwärtigen Grenzen hinaus hatte; in diesem Fall wären die A-priori-Wahrscheinlichkeiten wie folgt :

- 1. Im Nordwesten breitete sich die thrakische Bevölkerung aus.

- 2. Im Nordosten des Georgian.

- 3. Im Osten des Armeniers.

- 4. Im Süden des Syrischen und Mesopotamischen.

könnte die Bevölkerung Kleinasiens lediglich eine Erweiterung der Bevölkerung der Grenzgebiete gewesen sein – einer oder aller.

Es kann aber auch von jedem von ihnen getrennt und verschieden gewesen sein.

Auch in diesem Fall wird uns wieder eine Alternative geliefert.

- *eins* gewesen sein – so wie die von Deutschland *eins ist* .

- 2. Die Bevölkerung könnte in mehrere, ja sogar zahlreiche Abteilungen zurückgegangen sein, so dass die sogenannten Rassen *eins* , *zwei* , *drei* , *vier* oder sogar mehr gewesen sein könnten.

eigenartig war , sich *also* von der der Grenzgebiete Georgien, Thrakien, Armenien, Mesopotamien und Syrien unterschied.

Dies wird sofort durch die Beweise der lykischen Inschriften beantwortet, die beweisen, dass sich das *Lykische* zumindest von allen oder einigen der aufgezählten Sprachen unterscheidet.

Die folgenden Auszüge aus Herodot führen uns jedoch weiter:

„Die Lykier stammten ursprünglich aus Kreta; denn in der Antike waren es die Barbaren, die ganz Kreta beherrschten. Als es jedoch auf Kreta hinsichtlich des Königreichs zu Meinungsverschiedenheiten zwischen den Söhnen Europas, Minos und Sarpedon, kam und Minos in der Unruhe die Oberhand gewann, vertrieb er (Minos) sowohl Sarpedon selbst als auch seine Fraktion; und diese gingen nach ihrer Vertreibung in den Teil Asiens, der das *Miljadenland ist* . Denn das Land, in dem die Lykier heute leben, war in alten Zeiten *Milyas* ; und die *Milyæ wurden damals Solymi* genannt . Eine Zeit lang herrschte Sarpedon über sie. Sie nannten sich selbst bei dem Namen, den sie mitgebracht hatten; und selbst jetzt werden die Lykier von den Nationen, die um sie herum wohnen, *Termilæ genannt* . Als aber Lykos, der Sohn des Pandion, aus Athen vertrieben wurde und wie Sarpedon von seinem Bruder (Ägeus) zu den Termilæ unter Sarpedon kam, wurden sie von dort im Laufe der Zeit nach dem Namen Lykos benannt , Lykier. Die Gebräuche sind teils kretisch, teils karisch. In einem Punkt sind sie jedoch besonders, und darin stimmen sie mit keinem anderen Menschen überein. Sie nennen sich nach ihren Müttern und nicht nach ihren Vätern. Wenn also jemand von einem anderen gefragt wird , *wer er ist* , wird er sich als Sohn seiner Mutter bezeichnen und die Mütter seiner Mutter aufzählen . Nochmals: Wenn eine freie Frau eine Sklavin heiratet , gelten die Kinder als frei; wohingegen, wenn ein Mann auch nur in der ersten Reihe der Bürger steht und entweder eine fremde Frau oder eine Konkubine nimmt, werden die Kinder enterht .“

Während Kleinasien unter der Herrschaft des Cyrus durch Harpag für Persien erobert wurde, zeigten die *Karer keine große* Tapferkeit ; mit Ausnahme der Bürger von Pedasus . Dies bereitete Harpagus erhebliche Schwierigkeiten; aber mit der Zeit wurden sie besiegt. Nicht so die Lykier. – „Als Harpagus seine Armee in Richtung der Ebene von Xanthian marschierte, zogen sich die Lykier nach und nach vor ihm zurück und kämpften wenige gegen viele und zeigten edle Taten. Als sie jedoch besiegt und in die Stadt zurückgedrängt wurden, versammelten sie sich innerhalb der Stadt Zitadelle ihre Frauen und Kinder und Güter und Diener. Anschließend zündeten sie die Zitadelle an, um sie niederzubrennen. Nachdem dies geschehen war, leisteten sie einen feierlichen Eid und starben mit einem Ausfall vor einem Mann, das Schwert in der Hand. Aber von den Lykiern, die sich nun Xanther nannten, sind die meisten, bis auf achtzig Herden, Fremde (ἐπήλυδες). Diese achtzig Herden (Familien) befanden sich damals außerhalb des Landes. Und so entkamen sie. So kam es, dass Harpagus Xanthus einnahm. Auf die gleiche Weise nahm er Kaunus ein . *Denn die Kaunier ähneln in den meisten Dingen den Lykiern.* ”

Und jetzt haben wir noch eine *zweite* Tatsache, nämlich die, *dass die Kaunier das waren, was die Lykier waren* .

1. *Die Kaunier*. – Nach den besonderen Beweisen von Herodot hatten die Kaunier zwei besondere Bräuche – zum einen, bei Festen keinen Unterschied zwischen Alter und Geschlecht zu machen, sondern promiskuitiv zu trinken und zu essen – und zum anderen, ihre Verachtung gegenüber allen fremden fremden Göttern durch Märsche zum Ausdruck zu bringen in Rüstung zu den kalyndischen Bergen und schlugen mit Speeren in die Luft, um sie von den Grenzen des kaunischen Landes zu vertreiben. Dennoch waren die *Kaunier Lykier*.

Waren andere Nationen so lykisch? Kaunisch ? Lyco-Caunian ? oder Kauno -lykisch? da die konkrete Bezeichnung unwichtig ist.

Die Karier. — Die Sprache der Karier und der Kaunier war dieselbe; seit Herodot schreibt: „ *Die kaunische Nation hat sich entweder an die karische Sprache angepasst, oder das Karische an das Kaunische .* "

2. Andererseits war die Verehrung des nationalen Eponymus anders. *Die Lyder und Mysier verehren gemeinsam den karischen Jupiter. Diese tun dies. So viele aus verschiedenen Nationen (ἔ θνος) jedoch in der Sprache mit den Kariern identisch geworden sind, tun dies nicht.*

Und hier kommt eine Schwierigkeit: Ein Teil der Tatsachen verbindet, der andere trennt die Karer von den Lykiern. Die Sprache geht in eine Richtung, die Bräuche in eine andere.

Dies ist jedoch nicht die einzige Komplikation, die die Familie *Carian mit sich bringt*. Die gesamte Frage nach ihrer Herkunft ist schwierig, ebenso wie die nach ihren Verwandtschaften. Die Karier breiteten sich von den Inseln auf den Kontinent aus, nicht vom Kontinent auf die Inseln. und sie taten dies als Untertanen von Minos und unter dem Namen Leleges . Solange das System des Minos bestand, zahlten diese karischen Leleges keinen Tribut; aber bei Bedarf auch mit Schiffen und Matrosen ausgestattet. Und das taten sie mit Erfolg, denn die Karier waren eine der mächtigsten Nationen ihrer Zeit und darüber hinaus genial in kriegerischen Erfindungen. Von diesen Erfindungen wurden drei von den Griechen übernommen und als ursprüngliche Erfindung der Karier anerkannt . Das erste davon war das Wappen für den Helm; das zweite, das *Gerät* für den Schild; der dritte, der *Griff* für den Schild. Bevor die Karier diese letzte Verbesserung einführten, hängte der Kämpfer seinen Schild an einem Lederriemen entweder um den Hals oder an die linke Schulter. Dies war die erste Phase in der Geschichte der karischen Lelegien , die eher insular als kontinental und eher lelegisch als karisch waren. Es dauerte viele Jahre nach dem Tod von Minos; endete jedoch damit, dass sie von den Doriern und Ioniern Griechenlands vollständig von den Inseln vertrieben und ausschließlich auf den Kontinent beschränkt wurden.

Dies würde die- verbinden

- 1. Karer mit den Ureinwohnern der Ägäis – diese sind *Leleges* .

- 2. Auch bei den Kauniern .

- 3. Auch bei den Lykiern. Leider sind die Beweise nicht uneingeschränkt. Es wird kompliziert durch:

Die einheimische Tradition. — Die karische Rasse ist keine Insel, sondern ein Ureinwohner des Kontinents; trägt seit frühester Zeit den Namen, den es heute trägt. Als Beweis dafür ist die Verehrung des karischen Jupiters bei zwei anderen, eindeutig kontinentalen Nationen üblich – den *Lydiern* und den *Mysiern* . Alle drei haben Anteil an einem Tempel in Mylasa , und jeder der drei stammt von einem der drei Brüder ab – Car, Lydus oder Mysus – den jeweiligen Eponymen von Caria, Lydia und Mysia .

All dies ist nicht aus Gründen irgendeiner Schlussfolgerung geschrieben; sondern um die Schwierigkeiten des Themas zu veranschaulichen. Jetzt muss eine neue Reihe von Tatsachen hinzugefügt werden – oder vielmehr zwei neue.

- 1. In den Klassikern gibt es spezielle Aussagen darüber, dass die phrygische, armenische und thrakische Sprache dieselben waren.

- 2. Eine der drei Sprachen der pfeilspitzenförmigen Inschriften muss noch mit einer existierenden Sprache identifiziert werden.

Der Leser ist im Besitz einer ganzen Reihe von Komplikationen. Sie können leicht erhöht werden.

Anstatt näher darauf einzugehen, schlage ich die folgende Lehre vor:

- 1. Dass, ungeachtet einiger widersprüchlicher Aussagen, die Bevölkerungen von Mysien , Lydien, Karien und einem Teil von Lykien eng miteinander verbunden waren.

- 2. Dass eine dem Armenischen verwandte Sprache bis in den Westen bis nach Ostphrygien gesprochen wurde.

- 3. Dass eine dritte Bevölkerungsgruppe, die entweder Persien unterworfen war oder mit Persien verbündet war, die Sprache der lykischen Inschriften sprach – die Herr Forbes und andere ordnungsgemäß vom alten Lykischen der Milier unterschieden –, wobei letzteres möglicherweise semitisch *war* .

- 4. Dass die dritte Sprache der pfeilspitzenförmigen Inschriften, wenn man davon ausgeht, dass es sich um Medien handelte, die nordöstliche Grenze eingekerbt haben könnte.

- 5. Dass neben dem Griechischen möglicherweise zwei aufdringliche Sprachen im Nordwesten bzw. Südwesten gesprochen wurden, nämlich:

  - *A.* Der Thraker der gegenüberliegenden Küste des Bosporus.

  - *B.* Der Lelegianer der Inseln.

Von diesen war der erstere vielleicht sarmatisch, während der letztere möglicherweise die gleiche Beziehung zu den Kariern hatte wie der Malay von Sumatra zu dem der Orang Binúa der malaiischen Halbinsel.

Es kann hinzugefügt werden, dass die Ähnlichkeit des Namens *Thekhes* , des *Berges* , von dem aus die 10.000 Griechen das Meer sahen, mit dem türkischen *Tagh* darauf hindeutet, dass es wahrscheinlich bereits zur Zeit von Artaxerxes türkische Übergriffe gegeben hat.

Schließlich : Die Endung -der in *Scaman* -der (eine zweisprachige Bezeichnung) und *Mæan* -der weist auf ein persisches Eindringen zu einem ebenso frühen Zeitpunkt hin.

Von den von Jablonsky gesammelten Glossen ist keine in einer modernen Sprache illustriert, mit Ausnahme der folgenden:

Englisch   Axt.

Lydisch   *labr-ys* .

Armenisch *dabar.*

persisch   *Tawar.*

Kurde   *Teper.*

Englisch   Feuer.

Phrygisch   *pyr* .

Armenisch   *pur.*

afghanisch   *wur, oder.*

Kurde   *ûr.*

Griechisch usw.   π ῦ ϱ , *Feuer usw.*

Englisch   Hund.

Phrygisch	*kyn* .
Armenisch	*meiden.*
Sanskrit	*meiden.*
Lettisch	*Sonnen.*
Englisch	brot.
Phrygisch	*Bekos* .
Armenisch	*Khaz.*
Akusch	*kaz* .
Englisch	Wasser.
Phrygisch	*Wasser* .
Armenisch	*Tschur.*
Griechisch usw.	ΰ δω ϱ , *Wasser usw.*

Es lässt sich nicht leugnen, dass diese Affinitäten eher indogermanischer als irgendetwas anderes sind, und dass sie auch armenischer Natur sind – ein Einwand gegen mehrere der auf den vorhergehenden Seiten dargelegten Ansichten, den ich nicht verbergen möchte. Allerdings sind alle Fragen dieser Art ein Ausgleich widerstreitender Schwierigkeiten. Nehmen Sie als Vergleich dazu die folgende Tabelle, in der die armenischen Affinitäten auch Türke, Dioskurier und Sibirier sind.

Englisch	Mann.
Skythen	*oior* .
Uigur	*ähm.*
Kasan	*ir.*
Baskir	*ir.*
Nicht schwul	*ir.*
Tobolsk	*ir.*
Jenesisch	*Eri* .
Teleut	*Eri* .
Kasach	*erin.*

Casikumuk   *ioori* .

Armenisch   *Luft.*

Die Wasserscheide von Oxus und Indus. —Wir sind in der nordöstlichen Ecke Persiens. Das Púshta-Khur- Gebirge enthält, wie viele andere Hügel von geringerer Größe, die Quellen zweier Flüsse mit unterschiedlicher Richtung: des Oxus, der in den Aralsee mündet; und vom rechten Arm des Kúner , einem Zufluss des Cabúl- Flusses – selbst ein Mitglied des großen Wassersystems des Indus. Seine südwestliche Verlängerung gibt uns die entsprechende Wasserscheide. Dies ist ein günstiger Punkt für das Studium einer schwierigen, aber interessanten Klasse von Bergsteigern, die nach dem alten Namen Hindu- kúsh passenderweise *Paropamisaner* genannt werden können . Ihre nördlichen Grenzen sind die betreffenden Höhen. Nach Süden erreichen sie die afghanische Grenze im Kohistan von Cabúl . Im Osten kommen sie mit Indien in Kontakt. Es gibt keine bessere Möglichkeit, sie im Detail zu erfassen, als den Wasserläufen zu folgen und sich an die Wassereinzugsgebiete der Flüsse zu erinnern.

I. *Der Oxus.* – Ganz am Quellgebiet des Oxus und in Kontakt mit den kirgisischen Türken von Pamer kommt die kleine Bevölkerung von Wokhan , die eine Sprache spricht, die weder Türkisch noch Persisch ist – zumindest nicht genau Persisch; und neben Wokhan Shughnan , wo sich der Dialekt (möglicherweise die Sprache) zu ändern scheint . Roshan, neben Shughnan (entlang des Oxus) , scheint in dieselbe Kategorie zu fallen. Durwaz ist jedoch einfach Tadschikisch. Alle sind unabhängig und alle Mohammedaner.

II. *Der Indus.* —1. *Der Indus.* – Der Fluss Gilghit [42] speist den Indus – zwei weitere Zuflüsse, die ihn von Osten her vereinen, heißen Hunz und Burshala , Nil oder Nagar. Die Bevölkerung jedes dieser Flüsse lebt von der Landwirtschaft und wird daher *Dunghar genannt* , ein hinduistischer, aber kein einheimischer Begriff. Ihr Rajah ist unabhängig; Ihre Religion war ein sehr gleichgültiger Mohammedanismus . Am Gilghit und den Teilen unterhalb seiner Mündung in die Flüsse Hunz und Nagar scheint sich der Dialekt (vielleicht auch die Sprache) zu ändern, und die Menschen sind als *Dardoh* (oder Dards) und *Chilass bekannt Dardoh* – die Daradæ der griechischen und die Daradas der Sanskrit-Schriftsteller. Auch dies sind unvollkommene Mohammedaner . Die Dards und Dunghers tragen uns bis nach Klein-Tibet (Bultistan) und an die kaschmírischen Grenzen.

2. *Das Jhelum.* – Dies ist der Fluss des berühmten Tals von Cashmír – dessen Bevölkerung ich (mit einigem Zögern) als Paropamisan betrachte .

3. *Die Kabul Fluss.* — 1. *Der Kúner .* — Die östliche Wasserscheide des Oberen Kúner ist gemeinsam mit dem Gilghit -Fluss. Die Bevölkerung ist

eng mit den Dardoh und Dungher verwandt ; Sein Gebiet ist Ober- und Unter-Chitral, seine Sprache ist das Chitrali, seine Religion ist der schiitische Mohammedanismus .

Südlich des Chitral, in der *Mitte* Kúner , das Glaubensbekenntnis ändert sich, und wir haben die bekanntesten Paropamisaner , die *Kaffres* von Kafferistan , die bis nach Westen und Norden bis nach Kunduz und Badukshan reichen – die Kaffres oder Ungläubigen, die von ihren mohammedanischen Nachbarn so genannt werden , weil sie immer noch ihre Religion behalten primitives Heidentum.

Wenn wir uns nun dem Cabúl- Fluss selbst nähern, dessen Richtung von West nach Ost fast im rechten Winkel zum Kúner verläuft , nehmen die Merkmale der Dardoh- , Chitrali- und Kaffre -Populationen ab – mit anderen Worten, das Gebiet ist unregelmäßig. und die Populationen selbst sind entweder teilweise isoliert oder vermischt. So liegt am Fuße der Berge nördlich des Flusses Cabúl und westlich des Kúner das Lughmani -Land; Die Sprache ist keineswegs identisch mit der Kafir, und das Kafir-Heidentum wird auf einen unvollkommenen Mohammedaner reduziert – *némchú Mussulman* oder *halbmuslimisch* , was die Bezeichnung für die Sprecher der Lughmani -Sprache im Nijrow -Tal und den umliegenden Teilen ist Es.

Die Der-, Tirhye- und Pashai- Vokabulare von Leach repräsentieren allesamt paropamisanische Sprachformen, die von kleinen und mehr oder weniger fragmentierten Bevölkerungsgruppen gesprochen werden.

Das Tal des Lundye war mit ziemlicher Sicherheit in jüngster Zeit Paropamisan . So schreibt Elphinstone über seine Hauptbewohner : „Die Swatís , die auch Deggauns genannt werden , scheinen indischer Herkunft zu sein. Sie besaßen früher ein Königreich, das sich vom westlichen Zweig des Hydaspes bis in die Nähe von Jellabahad erstreckte . Sie wurden von den afghanischen Stämmen nach und nach auf engere Grenzen beschränkt; und Swaut und Búnér , ihre letzten Sitze, wurden Ende des 15. Jahrhunderts von den Eusofzyis reduziert. Sie sind in diesen Ländern immer noch sehr zahlreich." Ich glaube, mit *Indianern* ist eine Bevölkerung gemeint, die der von Cashmeer *ähnelt* – ich sage nicht *beabsichtigt* . Ein weiterer Auszug führt uns noch weiter: „Die Shulmauni bewohnten früher Shulmaun am Ufer des Korrum ." Anschließend zogen sie nach Tíra und befanden sich Ende des 15. Jahrhunderts in Hustnugger , wo sie von den Eusofzyes vertrieben wurden . Die alten afghanischen Schriftsteller halten sie für Deggauns , aber sie scheinen dieses Wort nur locker verwendet zu haben. Es gibt immer noch einige Shulmauni im Eusofzye- Land, die Überreste einer besonderen Sprache haben."

Daher können die Paropamisaner mit Sicherheit als Bevölkerung einer sich zurückziehenden Grenze betrachtet werden, da der Eingriff in ihr Gebiet afghanischer Natur war. Damit enden die asiatischen Populationen.

Wenn wir nun auf das zurückgelegte Gebiet zurückblicken, werden wir feststellen, dass der Beweis dafür, dass die Menschheitsfamilie an einem bestimmten Ort entstanden ist und sich von dort bis an die äußersten Enden der Erde verbreitet hat, keineswegs absolut ist und schlüssig. Noch weniger ist es sicher, dass dieser bestimmte Ort ermittelt wurde. Der Autor *glaubt*, dass es sich irgendwo im intratropischen Asien befand und dass es sich um *den einzigen Fundort eines einzigen Paares handelte* – ohne jedoch zu behaupten, dies bewiesen zu haben. Auch dieses Zentrum ist nur *hypothetisch* – zwar nahe an dem Punkt, den er als Ausgangspunkt der menschlichen Migration ansieht, aber keineswegs identisch mit ihm. Er gibt nicht vor, die Basken und Albaner zugehörig zu haben; aber er isoliert sie deshalb nicht absolut. Sie haben zu viele *verschiedene* Affinitäten, als dass sie völlig allein dastehen könnten.

In der körperlichen Konstitution weist der Hottentotte ein *Höchstmaß* an Besonderheiten auf. Die Sprache des letzteren ist jedoch einfach afrikanisch; während die Basken und Albaner in Form und Farbe Europäer sind. Eine Fliege ist eine Fliege, auch wenn wir uns fragen, wie sie in den Bernstein kam; und Menschen gehören zur Menschheit, auch wenn ihre Herkunft ein Rätsel ist. Dies gibt uns einen Überblick über die Schwierigkeiten, und unter Berücksichtigung dieses und ähnlicher Phänomene müssen die höheren Probleme der Ethnologie gelöst werden. Nichts weniger als eine klare und umfassende Sicht auf das Ausmaß, in dem Unterschiede in einem Bereich durch Ähnlichkeitspunkte in einem anderen ausgeglichen werden, wird uns auch nur eine philosophische Hypothese liefern; Jedes *Teilargument* aus Teilpunkten der Meinungsverschiedenheit ist ebenso unwissenschaftlich wie eine ähnliche Überbewertung von Ähnlichkeiten.

Was die Einzelheiten der Hauptschwierigkeiten angeht, glaubt der Autor, dass er sich unfreiwillig und mit großem Respekt von den besten Autoritäten unterscheidet, indem er so wenig auf den Übergang von Amerika nach Asien und so viel auf den zwischen Europa und Asien eingeht. Die Überzeugung, dass die semitischen Sprachen einfach afrikanisch sind und dass alle mit dem Begriff „ *indogermanisch* " *nahegelegten Theorien* entweder aufgegeben oder modifiziert werden müssen, ist das Hauptelement seiner Argumentation zu diesem Punkt – eine Argumentation, die für ein kleines Werk wie das viel zu ausführlich ist gegenwärtig. Er glaubt auch, dass die Sprachen Kafferistans, des Dardoh- Landes und des Nordostens Afghanistans Übergangssprachen zu den einsilbigen Sprachen und denen Persiens sind – mit anderen Worten, dass das moderne Persisch viel einsilbiger ist, als allgemein angenommen wird. Doch selbst das hinterlässt eine Pause. Inwieweit die *westlichste* Sprache dieser Klasse mit denen Europas verbunden werden kann und inwieweit die südwestlichste *Sprache* semitische Verwandtschaften aufweist, sind Fragen, die noch untersucht werden müssen – Fragen, die mit Schwierigkeiten behaftet sind. Als Grundgerüst des Systems glaubt er jedoch, dass die vorliegende Arbeit soweit wahr und gleichzeitig für den Forscher praktisch ist. Es ist sicher, dass es in allen bestehenden Klassifikationen vieles gibt, was es erfordert, verlernt zu werden. Damit niemand dies für eine anmaßende Aussage hält, sollte er den neuen und ungeklärten Stand der Wissenschaft und die geringe Zahl der Arbeiter im Vergleich zur Größe des Feldes bedenken.

DAS ENDE.

FUSSNOTEN

[27] Seitdem dieses Kapitel geschrieben wurde, erreichte uns die Nachricht vom vorzeitigen Tod des einflussreichsten Verfechters der Doppeldoktrin (*a.*) *der Einheit der amerikanischen Familien untereinander* und (*b.*) *der Verschiedenheit der amerikanischen Rasse von allen anderen* – Dr. Morton aus Philadelphia hat mich erreicht. Es erübrigt sich zu sagen, dass die zweite dieser Positionen nach Ansicht des Autors ebenso verwerflich ist wie die erste. Es ist auch nicht wahrscheinlich, dass es anders sein wird, solange die *Ostseite* der Rocky Mountains so ausschließlich von der amerikanischen und der englischen Schule erforscht wird. Ich habe wenig Angst davor, dass die Russen in diesen Fehler verfallen. Mit dieser Bemerkung beginnen und enden die Einwände gegen die sehr wertvolle Arbeit von Dr. Morton. Seine *Crania Americana* ist mit Abstand das wertvollste Buch seiner Art. Seine *Crania Ægyptiaca* und andere kleinere Werke, insbesondere seine Forschungen zum *Hybridismus* , sind allesamt eindeutige Ergänzungen der ethnologischen Wissenschaft. Der Impuls, den er persönlich dem sehr aktiven Studium der menschlichen Spezies gab, was so ehrenhaft ist was seine Landsleute auszeichnet , ist mehr, als ein Engländer genau schätzen kann. Vielleicht steht es nur an zweiter Stelle nach dem von Gallatin; vielleicht ist es kaum zweitrangig.

[28] Herr Norris von der Asiatic Society hat beispielsweise Gründe für die Verbindung der australischen Sprachen mit denen des Dekhan angegeben .

[29] Entnommen, mit vielem mehr, aus Mr. Brown's Tables, im Journal of the Asiatic Society of Bengal.

[31] Betrachtet man Burampúter und Ganges als getrennte Flüsse.

[32] Praktischerweise in eine einzige Klasse zusammengefasst und *Hyperboreaner genannt* .

[33] Die große Familie, deren bekannteste Mitglieder die *Mantshús sind.*

[34] Nicht unbedingt mit *vielen* Silben, aber mit *mehr als einer* – *hyper-einsilbig*

[35] Beachten Sie – *nicht* von der Insel Ceylon.

[36] Von Orissa.

[37] Der Cashmírianer von Cashmír befindet sich in dieser misslichen Lage. Man kann nicht mit Sicherheit sagen, dass es eher hinduistisch als persisch oder paropamisanisch ist – ein Begriff, der bald seine Erklärung finden wird.

[38] Aus der Stadt *Dioscurias* , in der laut Plinius die Geschäfte durch 130 Dolmetscher abgewickelt wurden – so zahlreich waren die Sprachen und Dialekte.

[39] The Phasis, Tshorok usw.

[40] Die Kur und Aras.

[41] Die *Irôn* und *Mizjeji* .

[42] Aus Moorcrofts Reisen in den Himalaya-Provinzen und Vignes Kaschmir .